EMMANUEL JUNGCLAUSSEN

BETEN MIT FRANZ VON ASSISI

W0034228

EMMANUEL JUNGCLAUSSEN

BETEN
MIT
FRANZ VON ASSISI

HERDER

FREIBURG · BASEL · WIEN

ZWEITE AUFLAGE

Umschlagbild:
Ausschnitt aus einem Fresko von Giotto
in der Oberkirche von S. Francesco, Assisi
Foto: Toni Schneiders

© Verlag Herder KG Freiburg im Breisgau 1976
Imprimatur. – Freiburg im Breisgau, den 12. Juli 1976
Der Generalvikar: Dr. Schlund
Freiburger Graphische Betriebe 1976
ISBN 3-451-17681-5

VORWORT

Diese kleine Arbeit stellt den Versuch dar,
dem Beten des heiligen Franz von Assisi nachzuspüren, und zwar so, wie es sich für uns
Heutige aus den Lebensberichten, aus seinen
eigenen Schriften und aus dem Nachvollzug
seiner ersten Jünger erschließen läßt. Ein solcher Versuch, der selbstverständlich niemals
das Ganze dieses Betens erfassen kann, wurde
nur möglich aufgrund umfangreicher Vorarbei-
ten, vor allem durch die Aufbereitung der Quellen, wie sie in den von den deutschen Franziskanern im Dietrich-Coelde-Verlag herausge-
gebenen „Franziskanischen Quellenschriften"
(QuSchr) ihren Niederschlag gefunden hat. Davon wurden vor allem Band I, II, III, V und
VII zu Rate gezogen.
Für eine allererste Begegnung mit dem heiligen
Franz sei in diesem Zusammenhang wegen des
schönen Bildmaterials auf das Buch von Walter Nigg und Toni Schneiders, Der Mann aus
Assisi, Freiburg 1975, verwiesen. (Mehrere Ab-
bildungen daraus werden unter ihrer jeweiligen

Nummer angeführt werden.) Zu den „Quellenschriften" kommt eine Reihe monographischer
Arbeiten aus einschlägigen, meist fremdspra-
chigen Zeitschriften; vor allem die Arbeiten von
Oktavian Schmucki OFMCap. Ganz besonders
danke ich P. Engelbert Grau OFM für seine
unermüdliche Bereitschaft zu Auskünften ver-
schiedenster Art.
Allen, mit denen ich im Geiste des heiligen
Franz und der heiligen Klara Gemeinschaft
haben durfte und darf, sei dieses Büchlein zum
Andenken an den 750. Todestag des heiligen
Franz am 3. Oktober in Dankbarkeit gewidmet.

Niederaltaich, Pfingsten 1976

Emmanuel Jungclaussen

INHALT

Dritter Teil

Beten in der Nachfolge
des heiligen Franz von Assisi

EINFÜHRUNG

DIE STUNDE DES HEILIGEN FRANZ VON ASSISI

Die Kennzeichnung des heiligen Franz von Assisi als „Engel des sechsten Siegels" ist wohl der großartigste Versuch, seine universale, um nicht zu sagen: heilsgeschichtliche Bedeutung in einem biblischen Bild einzufangen. Dieser Versuch geht besonders auf Bonaventura (1217–1274) zurück, der dieses Bild in seinem Werk mehrfach bringt, und zwar im Anschluß an das 7. Kapitel der Geheimen Offenbarung. Dort wird bekanntlich nach der sechsten Plage (Öffnung des sechsten Siegels) eine Zwischenszene eingefügt: Vier Engel stehen an den vier Enden der Erde und schaffen eine „große Stille", indem sie die vier Winde festhalten. In diesem Augenblick nun steigt „ein anderer Engel" auf, von Sonnenaufgang her, „mit dem Siegel des lebendigen Gottes". Er gebietet den Plagen Einhalt, bis die Knechte Gottes mit dem Siegel Gottes gesiegelt sind, ihrer 144000 an der Zahl.

Die Übertragung dieser Stelle auf die Person des heiligen Franz wurde offenbar durch zwei Gegebenheiten seines Lebens ausgelöst: einmal durch die Tatsache, daß Franz selber seine Briefe mit dem Zeichen tau „T" zu unterschreiben pflegte, und dies wohl in Anknüpfung an den Propheten Ezechiel (9, 4), wo jene, die in Jerusalem gerettet werden sollten, mit diesem Zeichen bezeichnet werden. Da Ez 9, 4 seit alters mit Offb 7, 2 in Verbindung gebracht wurde, ergab sich hier bereits eine erste Linie, die zu dieser Ausdeutung der Franziskus-Gestalt führen konnte. Bedeutsamer noch wurde ein anderes Ereignis: die Stigmatisation. Dieser Vorgang stand als etwas Einzigartiges da und verlangte nach einer Deutung. Sie bot sich von Offb 7, 2 her an: War nicht wirklich das Zeichen des lebendigen Gottes, die Gestalt des Gekreuzigten, dem Leib des Heiligen aufgeprägt worden? Bekam nicht von hierher das Bild der Apokalypse erst seinen Sinn? Franziskus ist aber nicht nur selbst Träger des Gotteszeichens der Stigmata, sondern hat auch an der Funktion des apokalyptischen Siegelengels teil, nämlich die Berufenen der Endzeit zu siegeln. Kurz zusammengefaßt, läßt sich die geistliche Franziskus-

Schau des heiligen Bonaventura nach Offb 7 wie folgt wiedergeben:

Mit Franziskus ist die Situation der Ruhe vor dem letzten Sturm eingetreten. Franziskus ist der apokalyptische Siegelengel, von dem das endzeitliche Gottesvolk der 144 000 Gesiegelten abstammen soll. Dieses endzeitliche Gottesvolk ist eine Gemeinschaft *kontemplativer* Menschen, in der die Lebensform des heiligen Franz zur allgemeinen Lebensform wird. Ihm wird es beschieden sein, auf dieser Welt die „Ruhe" und den „Frieden" des siebenten Tages zu genießen, die der Wiederkunft des Herrn vorausgehen. Wenn dieses neue Gottesvolk demnach auch mit Recht als franziskanisch bezeichnet werden kann, ja wenn gesagt werden muß, daß sich erst in ihm das eigentliche Anliegen des Armen von Assisi erfüllt, so ist es doch mit dem gegenwärtigen Franziskanerorden nicht identisch. Franziskaner (und nach Bonaventura auch Dominikaner) stehen gemeinsam an der *Schwelle* der neuen Zeit, die sie vorbereiten, ohne sie selbst schon bringen zu können. Wenn aber diese Zeit kommt, wird sie eine Zeit der Kontemplation, eine Zeit des erfüllten Verständnisses der Schrift und insofern eine Zeit des Heiligen

11

Geistes sein, der einführt in alle Wahrheit
Jesu Christi. (Vgl. zum Ganzen: J. Ratzinger,
Die Geschichtstheologie des heiligen Bonaventura, München 1954.)

Diese endzeitliche Betrachtungsweise Bonaventuras scheint der Bedeutung des heiligen
Franz für unsere Zeit ganz besonders zu entsprechen. Die „Kirche der Armen", die Franz und
seine ersten Gefährten im Anschluß an das
Evangelium gelebt haben, gehört zu den großen
Themen einer sich erneuernden, das heißt sich
auf ihren Ursprung besinnenden Kirche der
Gegenwart. Als solch eine Kirche der Armen
ist sie freilich in ihrer Dringlichkeit, ja Lebensnotwendigkeit innerhalb einer Gesellschaft,
die voll Bestürzung der Grenzen des Wachstums inne wird, noch keineswegs erkannt.
Noch weniger erkannt aber ist, daß Armut
zuerst und zuinnerst „Armut im Geiste" meint
im Sinne der Bergpredigt. Diese Armut im Geiste
wird bei Franz von Assisi auch Einfachheit
oder „reine Einfalt" genannt; sie ist mit der
wahren Weisheit verschwistert, aus der die
Kontemplation, die Beschauung, das verkostende Erfahren Gottes hervorgeht. Gerade
nach solcher Weisheit, dem inneren Erfahren
der letzten Wirklichkeit – Gott – wird heute

mehr verlangt, als es zunächst den Anschein hat, und zwar aus der tiefen Ahnung heraus, daß nur solches Erfahren – auch in Gemeinschaft – die Menschheit, die sich von apokalyptischen Zeichen mehr denn je umgeben sieht, wird überleben lassen.

Mag dieses ahnende Verlangen nach Weisheit sich zunächst auch zum Beispiel nur als Wunsch nach „Bewußtseinserweiterung durch Meditation", als Interesse für Esoterik oder in den verschiedenen Versuchen um die Form „neuer Religiosität" darstellen, so liegt gerade darin eine ernste Anfrage, was denn das Eigentümliche der christlichen Weisheit im Sinne des heiligen Franz sei. Eines wird man sagen müssen: Äußeres wie inneres Armsein meint – in einem umfassenden Sinn – nichts anderes als Freiheit zur Kontemplation. Diese freilich in strenger Christusbezogenheit.

So trägt denn auch das urfranziskanische Leben ein sehr viel stärker kontemplatives oder, wenn man so will, meditatives Gepräge, als man sich dessen gemeinhin bewußt ist. Franziskus selbst schwankte zeitweilig, ob er sich nicht ausschließlich dem Gebet, der Beschauung widmen sollte, und von den ersten Gefährten des heiligen Franz haben sich einige

13

nach einer gewissen Zeit des Wanderaposto-
lates gänzlich zu einem Leben des Gebetes,
der Kontemplation zurückgezogen, unter
ihnen Bruder Ägidius, der „Bruder der höchsten Beschauung", auf dessen Zeugnis später
noch eingegangen wird. Es handelt sich dabei
um eine Lebensform, die in der Frühzeit der
franziskanischen Bewegung als legitime Möglichkeit neben der apostolischen Tätigkeit erkannt wurde, zumindest mit dieser wechsel-
weise harmonisch verbunden war und von ihr
nicht erdrückt werden durfte. Diese Kontemplation wird nun in der Schau des heiligen
Bonaventura zur Lebensform des Gottesvolkes
der Zukunft schlechthin.
Für Menschen einer Kirche und Gesellschaft,
die – abgekürzt gesprochen – vor der Alter-
native steht: „Konsum oder Kontemplation"
(wobei sich „Konsum" unter Umständen bis
auf „Information" erstrecken kann), soll nun
im folgenden der Weise der Kontemplation
bzw. den Formen des Betens im Leben des heiligen Franz anhand der Quellen nachgegangen
werden, um daraus für einen Nachvollzug in
unserer Zeit zu lernen. Diese unsere Zeit soll
damit gleichsam der Hut des „Engels des sechsten Siegels" anheimgegeben werden und da-

mit auch der Verheißung und der Erfahrung des wahren Friedens, den Franziskus stets als erstes allen Menschen wünschte.

Ferner sollen die uns wörtlich überlieferten und als authentisch geltenden Gebete des heiligen Franz zum rechten Gebrauch für die Weisheit Suchenden unserer Tage erschlossen werden. Schließlich kommen noch die ersten Zeugen eines kontemplativen Lebens in der Nachfolge des heiligen Franziskus zu Wort, um zu zeigen, wie der kontemplative Impuls, der von Franz ausging, sich in seiner „Urgemeinde" verwirklicht hat, in der sich gleichzeitig die Umrisse der Lebensform des kommenden Gottesvolkes im Sinne des heiligen Bonaventura abzeichnen.

ERSTER TEIL

FRANZ VON ASSISI IM GEBET

1. DIE BERICHTE

Als erstes bringen wir fünf zusammenfassende Berichte über das Beten des heiligen Franz, wie sie uns die frühesten Quellen bieten und die die Grundlage für die weiteren Untersuchungen bilden. Zunächst aus der ersten Lebensbeschreibung des Thomas von Celano (gest. um 1260), die wohl schon 1228, also zwei Jahre nach dem Tod des heiligen Franz, abgeschlossen vorlag und von Papst Gregor IX. gutgeheißen wurde.

Der Gottesmann Franziskus war belehrt worden, nicht das Seine zu suchen, sondern das, was in seinen Augen vor allem das Heil des Nächsten förderte. Über alles jedoch hegte er den Wunsch, aufgelöst zu werden und bei Christus zu sein. Daher ging sein höchstes Streben dahin, von allem, was in der Welt ist, losgeschält zu sein, damit die heitere Ruhe seines Geistes auch nicht eine Stunde lang durch Berührung mit etwas, was nur Staub ist, gestört werde. Gegen jeden

19

Lärm von außen machte er sich unempfindlich,
zügelte mit ganzer innerster Kraft und überall
seine äußeren Sinne, beherrschte seine Gemüts-
bewegungen, um für Gott allein frei zu sein. In
Felsenklüften nistete er und in Steinhöhlen war
sein Aufenthalt. In wahrhaft seliger Andacht
verkehrte er in den himmlischen Wohnungen
und er, der sich ganz entäußert hatte, ruhte desto
länger in den Wunden des Erlösers. Er wählte
deshalb häufig einsame Orte, um sein Sinnen
ganz auf Gott richten zu können; doch verdroß
es ihn nicht, wenn er einen günstigen Zeitpunkt
gekommen sah, sich mit Geschäften zu befassen
und sich mit Freuden dem Heile des Nächsten zu
widmen. – Sein sicherster Hafen war das Gebet.
Dieses aber dauerte nicht nur einen kurzen Augenblick, war nicht eitel oder vermessen, sondern
währte lange Zeit, war voll Hingabe und wohl-
gefällig ob der Demut; wenn er am Abend mit
dem Gebete begann, konnte er es kaum am Morgen beschließen. Beim Gehen und Sitzen, beim
Essen und Trinken war er dem Gebete hingegeben.
In verlassenen und einsamen Kirchen brachte er
oft allein die Nacht im Gebete zu, und hier über-
wand er unter dem Schutz der göttlichen Gnade
viele Schrecknisse und viele Beängstigungen der
Seele (QuSchr V, 136f.).

Der nun folgende zweite Bericht entstammt der zweiten Lebensbeschreibung des Thomas von Celano, die eine Ergänzung zur ersten sein will, wie auch in diesem Bericht deutlich wird. Diese Lebensbeschreibung ist zwischen August 1246 und Mai 1247, also zwanzig Jahre nach dem Tod des heiligen Franz, abgefaßt worden. Beide Lebensbeschreibungen des Thomas von Celano bilden übrigens – nächst den Schriften des heiligen Franz selbst – die wichtigste Quelle für die Geschichte seines Lebens und die seines jungen Ordens.

Von den Großtaten seiner Gebete möchte ich nun, soweit wir sie mit unseren Augen gesehen haben und soweit es möglich ist, sie dem menschlichen Ohr zu übermitteln, einiges wenige der Nachwelt zur Nachahmung berichten. Zu heiliger Muße, in der er die Weisheit in sein Herz schrieb, machte er seine ganze Zeit, um keinen Verlust zu erleiden, wenn er nicht immer Fortschritte machte. Wenn Besuche von Weltleuten oder irgendwelche Geschäfte dazwischenkamen, so brach er sie lieber ab, als daß er sie beendete, um gleich wieder in sein Innerstes zurückkehren zu können. Ihm, der von himmlischer Süßigkeit kostete, war die Welt unschmackhaft, und die Wonnen, die er in Gott fand, hatten ihn für die grobschlächtigen Freuden der Menschen zu fein gemacht.

21

Immer suchte er einen verborgenen Ort auf, wo er nicht nur mit seinem Geist, sondern auch mit allen seinen Gliedern auf Gott hingerichtet sein konnte. Wenn er plötzlich in der Öffentlichkeit ergriffen und vom Herrn heimgesucht wurde, machte er sich aus seinem Mantel eine kleine Zelle, um nicht ohne Zelle zu sein. Manchmal, wenn er keinen Mantel bei sich hatte, bedeckte er wenigstens mit dem Ärmel das Gesicht, um das verborgene Manna nicht preiszugeben. Immer wußte er etwas zwischen sich und die Umstehenden zu stellen, damit sie nicht seine Berührung mit dem Bräutigam merkten. So konnte er sogar in dem engen Raume eines Schiffes inmitten vieler Leute ungesehen beten. Wenn er schließlich gar nichts von dem tun konnte, machte er aus seinem Herzen einen Tempel. Seine Entrückung nahm Schluchzen und Seufzen, sein Aufgesogensein in Gott keuchendes Atemholen und äußeres Mienenspiel weg.

So war es zu Hause. Wenn er aber in Wäldern und einsamen Orten betete, erfüllte er das Gehölz mit Seufzen, netzte den Boden mit Tränen, schlug sich mit der Hand die Brust. Gleich als hätte er dort eine noch verborgenere Geheimkammer gefunden, sprach er oft in lautem Zwiegespräch mit seinem Herrn. Dort stand er Rede und Ant-

wort seinem Richter, dort flehte er zum Vater, dort besprach er sich mit dem Freunde, dort spielte er mit dem Bräutigam. Ja wirklich, um alle Fasern seines Herzens auf vielfache Weise zu einem Ganzopfer zu machen, stellte er sich den höchst Einfachen in vielfacher Gestalt vor Augen. Oft betete er, ohne die Lippen zu bewegen, in seinem Innern. Alles Äußere wußte er nach innen zu kehren, um dann seinen Geist davon ab- und nach oben zu lenken. All sein geistiges Schauen und sein ganzes Gemüt richtete er so einzig und allein auf das Eine hin, das er vom Herrn begehrte. Der ganze Mensch war nicht so sehr Beter als vielmehr selbst Gebet geworden (QuSchr V, 316 f.).

Der dritte Bericht ist dem 10. Kapitel des sogenannten „Großen Franziskus-Lebens" des heiligen Bonaventura (1217–1274) entnommen. Es wurde im Jahre 1262 niedergeschrieben und galt lange Zeit als die offizielle Franziskus-Biographie. Der heilige Bonaventura ordnet und strafft den in vielfacher Weise überlieferten Stoff, von dem vieles sich auch bei Thomas von Celano findet.

Das kirchliche Stundengebet pflegte der Heilige mit ebenso großer Ehrfurcht wie Andacht dem Herrn darzubringen. Denn obschon er an Augen,

23

Magen, Milz und Leber krankte, wollte er sich dennoch nicht beim Psallieren an der Mauer oder Wand anlehnen; vielmehr verrichtete er seine Gebetsstunden stets aufrecht stehend und mit zurückgeschlagener Kapuze, ohne mit den Augen umherzuschweifen und ohne irgendwie Silben zu verschlucken. War er auf Reisen, so machte er dann halt; diese heilige ehrfürchtige Gewohnheit unterließ er auch bei strömendem Regen nicht. Er pflegte nämlich zu sagen: „Wenn der Leib seine Nahrung in Ruhe zu sich nimmt, obwohl er mit ihr einmal den Würmern zum Fraße dient, mit welchem Frieden und welcher Ruhe muß dann die Seele die Nahrung des Lebens zu sich nehmen?"

Er erachtete es als schwere Verfehlung, wenn er einmal beim Gebet sein Herz eitlen Phantasiebildern nachgehen ließ. Widerfuhr es ihm dennoch zuweilen, beichtete er recht bald, um seine Verfehlung sogleich zu sühnen. Diese Gewohnheit war ihm so zur zweiten Natur geworden, daß er nur selten unter solchen „Fliegen" zu leiden hatte.

Einst hatte er in der vierzigtägigen Fastenzeit ein Gefäß gemacht, um auch die kleinsten Augenblicke nicht ungenützt zu lassen. Weil es ihm aber beim Beten der Terz ins Gedächtnis kam *und seinen Geist kurze Zeit abgelenkt hatte, verbrannte er in heiligem Eifer das Gefäß mit den Worten: „Dem Herrn will ich es opfern, dessen Opfer es gestört hat."*

Beim Beten der Psalmen waren sein Geist und sein Herz so bei der Andacht, als schaute er den Herrn gegenwärtig. Kam in ihnen der Name des Herrn vor, dann schien er vor Wonne und Köstlichkeit die Lippen zu lecken.

Den Namen des Herrn wollte er besonders geachtet wissen, nicht allein, wenn man daran dachte, sondern auch wenn man ihn aussprach oder geschrieben fand. Darum riet er einst seinen Brüdern, sie sollten, wenn sie irgendwo beschriebene Zettel fänden, diese auflesen und sie an einen sauberen Ort bringen, damit nicht der heilige Name, wenn er sich vielleicht darauf finde, mit Füßen getreten werde.

Wenn er den Namen Jesu aussprach oder hörte, erfüllte Jubel sein Herz. Dann schien er äußerlich ein anderer zu sein, als ob ein köstlicher Wohlgeschmack seinen Mund oder eine wundersame Melodie sein Ohr berührt hätte (QuSchr VII, 343 f.).

Aus den etwa zwischen 1322 und 1328 entstandenen
„Fioretti", den berühmten „Blümelein des heiligen
Franz", entstammt der folgende kurze, vierte Bericht,
und zwar aus dem 2. Kapitel „Von der Berufung des
Bruder Bernardus". Er bringt als Ergänzung eine bestimmte Gebetsweise des Heiligen, ähnlich wie der
sich daran anschließende fünfte Bericht aus der ersten
Lebensbeschreibung des Celanesen. Die „Fioretti",
die erst hundert Jahre nach dem Tode des heiligen
Franz niedergeschrieben wurden, bilden im übrigen
für viele Franziskus-Verehrer leider oft die einzige
Quelle ihrer Kenntnis des heiligen Franz. Sie liegen
in vielfacher Übersetzung vor und haben die älteren
Quellen zum Teil nicht voll zur Geltung kommen
lassen.

Der vierte Bericht:
*Da aber der heilige Franz, der die Geheimnisse
Gottes getreulich zu verbergen suchte, vermeinte,
der Herr Bernardus liege im tiefen Schlafe, stand
er im tiefen Schweigen der Nacht von seinem
Lager auf. Er erhob sein Antlitz gen Himmel,
und mit gleichfalls zu Gott erhobenen Händen
und Augen betete er mit ganzer Sammlung und
Hingabe voller Glut, indem er sprach: „Mein
Gott und mein alles." Diese Worte brachte er
mit vielen Tränen vor Gott und verweilte dabei
mit solcher Andacht, daß er bis zum Morgen*

nichts anderes sprach als: „Mein Gott und mein alles."

Bei diesen Worten betrachtete der heilige Franz voll Bewunderung die Größe Gottes, die sich der bedrängten Welt zuzuneigen schien, um durch seinen Sohn für das Heil der Armen Sorge zu tragen. Vom prophetischen Geist erleuchtet, sah er die Großtaten voraus, die Gott durch seinen Orden geschehen lassen werde. Im gleichen Geiste erkannte er aber auch sein eigenes Ungenügen und Unvermögen, und darum rief er den Herrn an, auf daß Gott selbst, ohne den ja die menschliche Schwachheit nichts vermag, vollende, was er – Franz – nicht vermöge. Deshalb sprach er: „Mein Gott und mein alles!"

Der fünfte Bericht:

Der selige Vater Franziskus wurde jeden Tag mit Tröstung und Gnade des Heiligen Geistes erfüllt. Mit aller Wachsamkeit und Besorgnis unterwies er die neuen Söhne durch neue Lehren, indem er sie den Weg der heiligen Armut und seligen Einfalt unbeirrten Schrittes gehen lehrte. Eines Tages aber, als er das Erbarmen Gottes in den ihm erwiesenen Wohltaten bewunderte und wünschte, daß ihm vom Herrn geoffenbart werde, wie sein und seiner Brüder

Wandel sich fernerhin gestalten solle, suchte er einen Ort des Gebetes auf, wie er sehr oft zu tun pflegte. Als er dort lange Zeit, mit Furcht und Zittern vor dem Beherrscher des ganzen Erdkreises stehend, verharrte und in Bitterkeit der Seele die schlecht verbrachten Jahre überdachte, wiederholte er immer wieder das Wort: „Gott, sei mir Sünder gnädig." Da begann unsagbare Freude und höchste Wonne sich nach und nach in das Innerste seines Herzens zu ergießen. Auch ward er allmählich ganz verändert; der Gemütssturm legte sich, die Finsternis wich, die infolge von Sündenangst sich über sein Herz gebreitet hatte, es wurde ihm die Gewißheit zuteil, alle seine Sünden seien ihm vergeben, und die Zuversicht in ihm erweckt, wieder zu Gnaden zu kommen. Alsdann geriet er in Verzückung und wurde ganz in Lichtflut eingetaucht. Die Kraft seines Geistes weitete sich, und er sah in hellem Lichte, was die Zukunft bringen werde. Als endlich jene Wonne mit dem Lichte entschwand, schien er geistig erneuert, schon in einen anderen Menschen umgewandelt (QuSchr V, 88f.).

2. DIE GRUNDÜBUNGEN

Wenn man die vorausgegangenen Berichte unbefangen liest, hat man zunächst den Eindruck, daß sie das Eigentliche vom Beten des heiligen Franz mehr verbergen als offenbar machen. Dennoch soll versucht werden, einige Grundvollzüge und Grundübungen deutlich werden zu lassen.

Die erste Grundübung ist ein bewußtes Sich-zurückziehen zum Gebet, und zwar zunächst äußerlich: in Wälder, in „Felsenklüfte" und „Steinhöhlen", in verlassene und einsame Kirchen, vor allem des Nachts; dann aber auch innerlich: der wie auch immer gearteten äußeren „Zelle" entspricht der „Tempel des Herzens", die „verborgene Geheimkammer". Das verborgene Alleinsein zielt auf das Schweigen des Geistes. Hier steht Franz ganz und gar in der Überlieferung des alten Eremitentums, sowohl in der Wahl der äußeren Bedingungen für sein Beten, wofür übrigens auch seine kleine „Regel für die Einsiedeleien" Zeugnis ablegt (QuSchr I, 90), als auch in der Art des Sich-nach-Innen-Wendens (in jener Geisteshaltung, wie sie zu Beginn des ersten Berichtes beschrieben ist). Das alles aber nicht als gelegentliche kurze

Stimmungssache, sondern als langanhaltende, regelmäßig gepflegte Übung des Sichabschirmens von zerstreuenden Einflüssen und des In-sich-Gehens. Am eindrucksvollsten ist uns das in Kap. 55–57 der „Fioretti" für die Zeit vom 15. August bis zum 30. September 1224 auf La Verna beschrieben, in der sich auch seine Stigmatisation ereignete.

Die zweite Grundübung ist die Leibhaftigkeit seines Betens, und zwar in einem doppelten Sinn: 1. als Übung des Leibes, 2. als Bildbezogenheit.

1. Die Leibhaftigkeit seines Betens beginnt schon mit der Wahl der obengenannten Stätten. Sie äußert sich ferner in bestimmten Körperhaltungen und Bewegungen, in denen sein Beten sich ausdrückt. Schließlich gehört auch die von ihm häufig und regelmäßig gepflegte Übung des Fastens unabdingbar zur Leibhaftigkeit seines Betens. Sie ist gleichsam das Gegenstück zu dem von ihm und auch von den Brüdern in den Einsiedeleien (auch in Portiuncula) streng beobachteten Stillschweigen.

2. Die Leibhaftigkeit seines Betens als Bildbezug hat eine doppelte Gestalt: a) als Beziehung zum Officium, b) als Beziehung zur Natur.

a) Officium meint hier nicht nur das kirchliche Stundengebet, von dem der heilige Bonaventura in seinem dritten Bericht spricht, sondern meint auch die heilige Messe, also das, was wir heute zusammenfassend die Liturgie, den öffentlichen Kult der Kirche nennen. Dieser prägt in der Tat ganz entscheidend das Beten des heiligen Franz. Die von ihm verfaßten Gebete sind bis auf wenige Ausnahmen aus Schrifttexten zusammengesetzt, die zumeist in der Liturgie vorkommen.

Oder aber die Gebete sind Nachklänge liturgischer Texte, wie zum Beispiel das Gebet aus dem Testament oder auch der Lobpreis der Gottesmutter, der in seiner poetischen Bildhaftigkeit sogar in den byzantinischen Einflußbereich verweist, wie übrigens auch die sakrale Malerei zu Franziskus' Zeiten (vgl. die zahlreichen Beispiele bei Nigg-Schneiders). Am stärksten ist diese Verwurzelung des Betens des heiligen Franz im liturgischen Schriftgebrauch bei seinen Christus-Psalmen zu spüren. Diese reihen einfach Verse des zu jener Zeit weithin auswendig gewußten Psalters aneinander, um darin das Bild des menschgewordenen, leidenden und triumphierenden Christus erstehen zu lassen. Freilich ist die

31

Auswahl dieser Aneinanderreihung ganz und gar bestimmt von der persönlichen, oft sehr spontanen Frömmigkeit des heiligen Franz, der sich nicht scheut, an den Texten kleine Veränderungen und Zusätze vorzunehmen, um seinem Bezug zum Christus-Bild und damit zum Christus-Geheimnis Ausdruck zu verleihen. Der betrachtende Umgang mit diesem aus dem liturgischen Schriftgebrauch gewonnenen Christus-Bild, zu dem Franz unter Umständen schon durch das einfache – vom Gebet begleitete – Aufschlagen des Evangeliums im Meßbuch in Beziehung tritt, vollendet sich für ihn im Sakrament des Leibes Christi, das heißt in der Schau der Gestalten von Brot und Wein. Darum wird Franz auch nicht müde, immer wieder und in jeder Weise zur größten Ehrfurcht gegenüber diesem Sakrament zu ermahnen. Ein eindrucksvoller Hinweis auf die Bildhaftigkeit des Betens des Heiligen ist übrigens auch die Krippenfeier zu Greccio (vgl. Nigg-Schneiders, Nr. 44 f.).

Schließlich wird Franz von Assisi in seinem Beten so sehr eins mit dem Bilde Christi, daß zwei Jahre vor seinem Tode zu La Verna die Wundmale des Gekreuzigten an ihm leibhaftig offenbar werden (vgl. Nigg-Schneiders, Nr. 53,

56). Aber immer weist das Bild Christi als des menschgewordenen Wortes des Vaters über sich hinaus in die Weite und Bildlosigkeit des einen und dreifaltigen Gottes, wie es gerade der nach der Stigmatisation verfaßte „Lobpreis Gottes von La Verna" für Bruder Leo erkennen läßt und wie es später ein seliger Johannes von La Verna erfahren wird, wenn er in den Abgrund Gottes entrückt wird.

b) Ähnliches gilt auch von jenem anderen Bildbezug, der das leibhafte Beten des heiligen Franz ausmacht, nämlich dem zur Natur. Von ihm schreibt Thomas von Celano (II, 165): „Obwohl er die Welt als den Verbannungsort unserer Pilgerschaft zu verlassen eilte, hatte er doch, dieser glückliche Wanderer, seine Freude an den Dingen, die in der Welt sind, und nicht einmal wenig. Gegen den Fürsten der Finsternis gebrauchte er die Welt als Kampfplatz und Gott gegenüber als klaren Spiegel seiner Güte. In jedem Kunstwerk lobte er den Künstler; was er in der geschaffenen Welt fand, führte er zurück auf den Schöpfer. Er frohlockte in allen Werken der Hände des Herrn, und durch das, was sich seinem Auge an Lieblichem bot, schaute er hindurch auf den lebenspendenden Urgrund der Dinge. Er erkannte im Schönen den Schönsten selbst; alles Gute rief ihm zu: Der uns erschaffen, ist der Beste! Auf den Spuren, die den Dingen eingeprägt sind, folgte er überall dem Geliebten nach und machte alles zu einer Leiter, um auf ihr zu seinem Thron zu gelangen.

Mit unerhörter Hingebung und Liebe umfaßte er alle Dinge, redete zu ihnen vom Herrn und forderte sie auf zu seinem Lobe ... Mit dem Namen ,Bruder' rief er alle Lebewesen, wenn er auch von allen Tieren die zahmen bevorzugt liebte. Wer könnte hinreichend alles aufzählen? Jene Urgüte, die einst alles in allem sein wird, erhellte ja diesem Heiligen schon hienieden alles in allem" (QuSchr V, 380 f.).

Diese von Thomas von Celano beschriebene Erfahrung findet bei Franz ihren ersten Niederschlag in der „Ermahnung zum Lobe Gottes" – wiederum ganz aus Schriftstellen zusammengesetzt. Gegen Ende seines Lebens, 1225/26, aber gewinnt sie dann ihren vollendeten dichterischen Ausdruck in dem berühmten „Sonnenlied".

Vom leibhaftigen Beten im Bildbezug gilt sowohl im Hinblick auf die Menschheit Jesu Christi wie in ähnlicher Weise auch im Hin-

34

blick auf die Natur das, was der Celanese im zweiten Bericht sagt: „Um alle Fasern seines Herzens auf vielfache Weise zu einem Ganzopfer zu machen, stellte er sich den höchst Einfachen in vielfacher Gestalt vor Augen. – All sein geistiges Schauen und sein ganzes Gemüt richtete er so einzig und allein auf das eine hin, das er vom Herrn begehrte."

In diesen Worten werden noch zwei weitere Grundübungen erkennbar: einmal die Übung des Sichsammelns, der *Konzentration,* und zwar verbunden mit dem inneren Erglühen und Entbrennen, die charakteristisch sind für den franziskanischen Weg zur Beschauung, wie die späteren Zeugen noch zeigen werden. Es ist das „Begehren des Einen", wie Thomas von Celano sagt; zum anderen – damit verbunden – ist es die Übung der fortschreitenden *Vereinfachung* der Gebetsformen mit dem Ziel, eins zu werden mit dem Einen und zugleich Drei-Einen. Alle Übung und jedes Bild müssen dem Sichfestlegen, dem konzentrischen Sichsammeln des sonst üblicherweise umherschweifenden und Zerstreuung suchenden Geistes dienen, wie es auch der dritte Bericht vom heiligen Bonaventura zeigt. Konzentration und Vereinfachung auf das Eine

hin aber bedeuten die *Steigerung* der inneren
Intensität, des Erglühens und Entbrennens, des
Eifers für Gott, dem Franz in Kap. 22–23 seiner
ersten, der sogenannten nicht bestätigten Regel in beschwörenden Worten Ausdruck verleiht: „Vielmehr bitte ich in der heiligen Liebe,
die Gott ist, alle Brüder, die Oberen und auch
die anderen, alle Hindernisse zu beseitigen und
alle Sorgen und Kümmernisse hintanzustellen,
um so nach besten Kräften mit geläutertem
Herzen und reinem Sinn Gott dem Herrn zu
dienen, ihn zu lieben, anzubeten und zu ehren,
denn ihn verlangt über alles Maß danach.
Ja, stets wollen wir in uns Wohnung und
Bleibe bereiten ihm, der ist Gott, der Herr, der
Allmächtige, Vater, Sohn und Heiliger Geist …
Und anbeten wollen wir ihn mit reinem Herzen, denn man muß ja beständig beten und
nicht nachlassen, weil der Vater solche An-
beter sucht. Gott ist Geist, und die ihn anbeten, müssen ihn im Geiste und in der Wahrheit anbeten. Nichts anderes wollen wir darum
ersehnen, nichts anderes wünschen, nichts
anderes soll uns gefallen und erfreuen als
unser Schöpfer und Erlöser und Heiland,
der alleinige, wahrhafte Gott, der da ist
die Fülle des Guten, alles Gute, das gesamte

Gute, das wahre und höchste Gut, der allein gut ist ...

Überall, an jedem Orte, zu jeder Stunde und zu jeder Zeit, täglich und unablässig, aufrichtig und in Demut wollen wir allzumal an ihn glauben, ihn im Herzen bewahren und ihn lieben, ihn ehren und anbeten, ihm dienen, ihn loben und benedeien, ihn verherrlichen und hocherheben, ihn preisen und ihm Dank erweisen, dem höchsten und erhabensten ewigen Gott, dem Dreifaltigen und Einen, dem Vater und dem Sohn und dem Heiligen Geiste, dem Schöpfer aller Dinge, dem Erlöser derer, die an ihn glauben, auf ihn hoffen und ihn lieben, der ohne Anfang und ohne Ende ist, unveränderlich, unsichtbar, unaussprechlich und nicht mit Worten zu erfassen, unbegreiflich, unerforschlich, gepriesen, lobwürdig, ruhmreich und hocherhaben, erhaben, groß, milde, liebenswert, voll der Wonnen und allezeit über alles hoch zu ersehnen, von Ewigkeit zu Ewigkeit" (QuSchr I, 72 f.).

Diese Intensität und Vereinfachung finden als Übung bei Franz ihren Ausdruck in kurzen Wiederholungsgebeten, von denen wir im vierten und fünften Bericht erfahren haben oder wie ihn – nach Ausweis der „Fioretti" (Kap 54) –

Bruder Leo nächtens im Walde von La Verna wiederholen hört: „Was bist du, liebreicher Gott, und was bin ich Würmlein, dein kleiner Knecht?"

Die äußerste Vereinfachung stellt dann das sogenannte „Ein-Wort-Gebet" dar, nämlich: JESUS. Davon spricht der heilige Bonaventura im dritten Bericht. Gerade vom Umgang des heiligen Franz mit diesem Wort JESUS gilt, was Thomas von Celano zum Abschluß des zweiten Berichtes sagt: „Der ganze Mensch war nicht so sehr Beter als vielmehr selbst Gebet geworden." Dieser Satz besagt nicht mehr und nicht weniger als das im immerwährenden Herzensgebet Eins-geworden-Sein mit dem Gegenüber des betenden Anrufes! Celano drückt es aus mit „ruhen in Jesu Wunden", „aufgesogen sein in Gott", mit dem Wort vom „Bräutigam"; ähnlich Franz selbst in Nr. 9 seines „Schreibens an die Gläubigen" (QuSchr I, 149), ebenso in dem oben zitierten Wort aus der ersten Regel vom „Bereiten von Wohnung und Bleibe für Vater, Sohn und Heiligen Geist". Überaus bemerkenswert ist dabei die reiche Zitation aus dem Johannesevangelium in den genannten zwei Schriften, besonders aus dem hohepriesterlichen Gebet

(Joh 17), das auf diese Weise die mystische Einheitserfahrung innerhalb der frühfranziskanischen Bruderschaft zum Ausdruck bringt. Gerade die Liturgie läßt in der frühfranziskanischen Gemeinschaft ihre Beziehung zum Gesamt des mystischen Leibes Christi, das heißt zur Kirche schlechthin, offenbar werden, jener Kirche, die Franz als Gemeinschaft der Heiligen und der Büßer in dem Abschnitt „Gebet und Danksagung" (Kap. 23) der ersten Regel vor Augen hat. Dieser Gemeinschaft *und ihrer geistlichen Überlieferung* ist Franz bei aller persönlichen Ausprägung seiner Frömmigkeit und seines Gebetslebens viel stärker verpflichtet, als man es heute oft sieht. Das zeigt vielleicht gerade der Charakter der feierlichen Präfation, den „Gebet und Danksagung" trägt.

3. GEBET ALS WEG DER WEISHEIT

Der mit den eben beschriebenen Übungen verbundene mystische Erfahrungsweg muß aber noch etwas genauer in seinem inneren Verlauf beschrieben werden. Als grundsätzliche Feststellung sei vorausgeschickt, daß dieser Weg, wenn auch von „Übung" die Rede ist, nicht eigentlich machbar ist, sosehr er eine Einladung an alle ist! Dieser Weg steht von Beginn an unter dem Wirken des Geistes; und es bleibt das undurchdringliche Geheimnis dieses Weges, wie denn dieses Wirken des Geistes und ein Eingehen darauf seitens des Menschen einander zugeordnet sind. Eben diese wechselseitige, aber nicht abwägbare Zuordnung erwirken im Menschen das Erwachen der Weisheit.

In diesem Erwachen der Weisheit empfindet der Mensch ein Doppeltes: auf der einen Seite Ängste und ein totales Ungenügen an dem bisherigen Lebensvollzug in all seinen Dimensionen, eigentlich dessen Nichtigkeit; und auf der anderen Seite: Süße – und ein inneres Erglühen. Dieses Wort von der „Süße" (auch „Freude", „Wonne", „Jubel") durchzieht den gesamten inneren Erfahrungsweg des heiligen Franz, soweit er aus den Lebensberichten ersichtlich ist. Dieser Weg ist nichts anderes als das immer stärkere innere Sichkundtun, das heißt Sichoffenbaren des dreieinigen Gottes als der unfaßbaren und unaustrinkbaren Ur-Güte, von der Thomas von Celano spricht. Das

wachsende Verkosten dieser Ur-Güte einerseits und die ganze Ausrichtung des gesamten
Lebens daraufhin andererseits machen den
Weg der christlichen Weisheit aus. („Weisheit" hat in seiner lateinischen Form „sapien-
tia" die Beziehung zum Tätigkeitswort „sa-
pere" – schmecken, verkosten.)
Diese Erfahrung des Verkostens der Ur-Güte
ist bei Franz Christuserfahrung, Erfahrung der
menschgewordenen „Ewigen Weisheit". Sie
erzwingt die betende Ur-Frage, die gleichzeitig
die eigentliche Initiation in die christliche Weisheit und damit auch die bestimmende Grund-
haltung allen Betens beim heiligen Franz dar-
stellt, „in welcher Weise er Gott dem Herrn
nach dem Ratschluß und Wohlgefallen seines
Willens noch vollkommener anzuhangen vermöge" (vgl. I Cel 91/92, QuSchr V, 158 f.).
Das Gebet vor dem Kreuzbild in S. Damiano
(Nr. 1 unserer Sammlung) ist kennzeichnend
für das sich entfaltende Beten des heiligen
Franz: Gebet als Erfragen und Erspüren des
Willens Gottes. Das ist der eigentliche Franziskus-Weg; denn auch Liebe zu Gott und seine
Anbetung sind letztlich nichts anderes als Erfüllung seines Willens ebenso wie das damit
verbundene Verkosten seiner Ur-Güte.

Umgekehrt könnte man über den Franziskus-Weg schreiben: „Tun aus Versunkenheit". Besonders der vierte und fünfte Bericht zeigen deutlich, wie das beständig wiederholte Stoßgebet auf Zukunft hin geschieht und das Versunkensein und die Entrückung auf künftiges Verhalten und Handeln ausgerichtet sind. Nur muß man dabei sehen, daß „Wille Gottes" weniger einen äußeren Appell meint oder eine äußere – leicht als „Willkür" zu empfindende – Festsetzung; vielmehr ist der „Wille Gottes" er selbst als Person! Und zwar einmal im offenbarenden Gegenüber des armen und gekreuzigten Herrn Jesus Christus, zum anderen als heiliger Geist in der inneren Kundgabe an den Menschen. Beides steht unter dem Grundsatz trinitarischen Denkens: „Bonum est diffusivum sui – Dem Guten ist es eigen, sich mitzuteilen (sich zu verströmen)." Als sich verströmende Ur-Güte erfahren, bekommt der „Wille Gottes" eine ganz neue Qualität.

Wenn die Worte „mein Herr" oder „der Herr" die immer wiederkehrende religiöse Ur-Aussage des heiligen Franz werden, nämlich deshalb, weil er dem „Willen Gottes" begegnet ist, so kann Franz bei dieser Begegnung selbst, die er als eine *Epiphanie* der Güte Gottes erfährt, im Gebet letztlich nicht anders antworten als mit *Eulogie*, das heißt mit Lobpreis: „Sei gelobt, mein Herr!" So wird sein Beten in erster Linie hymnisches Beten: es steht im Bannkreis der Aussageweise religiöser Dichtung, die – von der Bibel her – seine Gebetssprache vollständig prägt; und solches stets unter dem Eindruck des schauervollen und beseligenden Geheimnisses der Kundgabe des Willens des Einen und Dreieinen als Ur-Güte. Vor dieser anbetend zu verweilen, sie zu „beschauen" ist die eigentliche Kontemplation, sei es im bildlosen Sichversenken nach dem völligen Einswerden mit dem Gekreuzigten, wie im „Lobpreis Gottes zu La Verna", oder im Sich-immer-neu-Entzünden an den konkreten Spiegelbildern dieser dreieinigen Ur-Güte in der Schöpfung, so im „Sonnenlied".

Freilich wird das Spiegelbild dieser Ur-Güte nur dort wahrgenommen, wo im Menschen selbst der Spiegel seines Herzens geglättet und gereinigt, das heißt zum Paradiesesstand zurückgeführt ist! Solches geschieht durch die Tugenden, die vom Herrn ausgehen und herkommen, durch die der Heilige Geist sein Werk im Menschen vollführt. Ihnen hat der heilige Franz einen eigenen Lobpreis gesungen (Nr. 8).

43

Dieser Lobpreis ist der Schlüssel zum inneren Verständnis des franziskanischen Gebetsweges. Um die Dimensionen dieses Weges auszumessen, muß man dem „Sonnengesang" diesen Lobpreis der Tugenden gegenüberstellen. Nur in seinem immer erneuten Nachvollzug kann man den Gebetsweg des heiligen Franz nachgehen und gelingt der Durchbruch zum Lobpreis Gottes im Verein mit aller Kreatur. Wer sich tiefer in den Lobpreis der Tugenden versenken will, nehme als Ergänzung noch die „Worte heiliger Mahnung" vom heiligen Franz hinzu (QuSchr I, 119–130). Hier seien nur einige kurze Hinweise zum Verständnis gegeben.

Sowenig der „Lobpreis der Tugenden" auf der einen Seite den systematischen Aufriß einer Tugendlehre geben will, so sehr muß auf der anderen Seite der Lobpreis als ganzes in einem inneren Zusammenhang betrachtet werden, wie der heilige Franz selbst sagt: „Wer eine verletzt, besitzt keine!" Worum es letztlich geht, ist das Sterben des Ego, des Ich im Sinne des alten, das heißt des in sich selbst verschlossenen Menschen, der sich selbst behalten, besitzen und genießen will.

Königin ist die *Weisheit*. Sie ist das Innewerden

des Wirklichen, also Gottes, und das Erkennen des Unwirklichen, nämlich der Welt in ihrer Weltlichkeit, die Satan dem Menschen in seiner Verblendung als letzte – allein zu besitzende und zu genießende – Wirklichkeit vortäuschen möchte. Es ist das, was Thomas von Celano in seinem ersten Bericht „Staub" nennt.

Die *reine Einfalt*, man könnte auch sagen einfältige Reinheit, ist offenherzige, ungeteilte Gottunmittelbarkeit. Sie hat die Spitzfindigkeiten und die Kompliziertheit des Intellektes hinter sich gelassen und diese als geschicktes Versteckspiel des selbstsüchtigen Ich, des „Fleisches", wie es Franz im Anschluß an Paulus nennt, entlarvt und aus dem zerstreuenden Vielerlei zum einen Notwendigen gefunden.

Als solche ist die reine Einfalt *Armut*, in erster Linie als ein Leerwerden von sich selbst, „Armut im Geist", die zwar auch in der äußeren Lebensführung zugunsten von Bedürfnis- und Anspruchslosigkeit auf das Habenwollen verzichtet und damit aller Sorgen sich begeben hat, die aber als „Armut im Geiste" vor allem jeglicher Imagepflege und allem Prestigedenken ein Ende setzt und somit *Demut* ist. Diese aber ist als Erniedrigung und Zunichte-

45

werden das eigentliche Sterben des Ego-Ich, das eben nur „ich" meint, aber nicht aufrichtig „du" zu sagen vermag.

Freilich ist eine solche Demut als Erniedrigung und Vernichtung nur verantwortbar als ein Raumgeben für die *Liebe*. Sie ist die positive Überwindung des Ego-Ich und seiner Versuchlichkeit, das heißt seiner Sorge um die Selbst-Erhaltung im erbsündlichen Sinne, wie der Herr sagt: „Wer sein Leben erhalten will, wird es verlieren" (Mk 9, 35). Damit ist die Liebe auch das Ende aller Ängste (1 Joh 4, 18). Hier wird der Mensch fähig, sich selbst und alle Kreatur von der Ur-Güte her neu als Geschenk zu empfangen und anzunehmen, um sich selbst im Lobpreis heiliger Hingabe immer neu zu verschenken, zu verströmen als Abbild der dreieinigen Ur-Güte und in der Nachfolge des Gekreuzigten, der *menschgewordenen* Ur-Güte.

Freilich, das Siegel der Bestätigung, das heißt der Echtheit, auf alle genannten Tugenden, vor allem auf die Liebe, ist der *Gehorsam*. Er ist die Vollendung der Weisheit, wo das Innewerden des Wirklichen zur „Verwirklichung" dieses Wirklichen, das heißt, zur Gestaltwerdung des Gekreuzigten, im Menschen selbst wird in einer letzten Ergebenheit und heiligen Fügsamkeit, auch gegenüber jeder Kreatur (siehe Text). Das ist dann aber auch die allgemeine Versöhnung und zeitigt jenen Frieden, der die „Heimkehr ins verlorene Paradies" von einer inneren Möglichkeit des einzelnen Menschen zu einer sichtbaren Wirklichkeit für die ganze Schöpfung werden läßt, wie es Celano für den Umgang des heiligen Franz mit den Tieren ausdrücklich vermerkt.

„Pax et bonum – Friede und Güte", als Formulierung der Jüngerschaft des heiligen Franz, ist die Zusammenfassung des Zieles des franziskanischen Gebets- und Tugendweges; und Franz selbst gibt der Tiefe seines inneren Erfahrens auf La Verna nicht nur Ausdruck in dem schon mehrfach erwähnten Lobpreis, sondern spricht in der persönlichen Zuwendung zu Bruder Leo diese innere Erfahrung in dem berühmten Friedenswunsch aus: „Der Herr segne und behüte dich. Er zeige dir sein Angesicht und erbarme sich deiner. Er wende dir sein Antlitz zu und schenke dir Frieden. Der Herr segne dich, Bruder Leo."

Zu diesem eigenhändig geschriebenen Friedenswunsch zeichnet Franz noch ein – heute nur noch schwach erkennbares – Bild: Auf der Schädelstätte, das heißt Golgota, liegt der

Schädel Adams, mit dem sich hier Franz möglicherweise identifiziert, in der Erde unmittelbar am Fuße des Kreuzes, zu diesem aufblickend. Ihm wird durch das Blut Christi die Erlösung zuteil. Damit wird gesagt, daß Erlösung ein Wiedererfahren der Paradieseswirklichkeit ist und uns an den Anfang der Menschheitsgeschichte zurückverweist. Gleichzeitig aber kann die Zeichnung des heiligen Franz gedeutet werden als die Versiegelung der Erwählten mit dem Zeichen ‚Tau‘ am Ende der Zeiten, wie in der Einführung gezeigt wurde. So verbinden sich hier Anfang und Ende zur *Gegenwart des Heiles* im Gekreuzigten, „der da ist und war und kommen wird“, wie Franz ihm selbst in den „Lobgebeten“ zusingt.

ZWEITER TEIL

GEBETE
DES HEILIGEN FRANZ VON ASSISI

TEXTE, VERSTÄNDNIS, VOLLZUG

1. DAS GEBET VOR DEM KREUZBILD IN SAN DAMIANO

Höchster, glorreicher Gott,
erleuchte die Finsternis meines Herzens,
und schenke mir rechten Glauben,
feste Hoffnung und vollkommene Liebe
Gib mir, Herr,
Gespür und Erkennen,
daß ich erfüllen möge
deinen heiligen und wahrhaften Auftrag.

Zum Verständnis

Nach einer Zeit inneren Ringens und Suchens vernimmt – wohl im Januar 1206 – Franz in der fast zerfallenen Kirche S. Damiano vom Bilde des Gekreuzigten her die Worte: „Franziskus, geh und stell mein Haus wieder her, das, wie du siehst, ganz verfallen ist!" – Thomas von Celano bemerkt dazu in seiner zweiten Lebensbeschreibung (Nr. 10): „Franziskus zitterte und staunte nicht wenig und kam beinahe von Sinnen ob dieser Worte. Zum Gehorchen bereitete er sich, ganz sammelte er sich für den Auftrag. Wirklich, durch und durch spürt er die un-

aussprechliche Wandlung seines Wesens." – In der
völligen Offenheit für den zunächst noch undeut-
lichen Auftrag des Herrn und in der rückhaltlosen
Auslieferung an den Willen Gottes betet er das oben
stehende Gebet. Wichtig ist dabei, was Thomas von
Celano weiterhin schreibt: „Von jener Stunde an
durchbohrte seine heilige Seele das Mitleiden mit
dem Gekreuzigten." Diese Bemerkung gibt dem Gebet eine besondere Note: einerseits handelt es sich
beim Gekreuzigten um den „höchsten glorreichen
Gott", andererseits bedarf es zur Erfüllung eines göttlichen Auftrags des Gespürs und des Erkennens
gegenüber dem Gekreuzigten, auf den hin sich bei
Franz ja alles konzentrierte; das heißt, wahre Weisheit ist „Weisheit des Kreuzes". Diese allein ermöglicht bei der Frage nach Willen und Auftrag Gottes
eine zuverlässige Orientierung. So läßt sich von diesem Gebet des heiligen Franz eine Verbindungslinie
bis hin zu den Worten des heiligen Bruders Konrad
von Parzham ziehen: „Nur ein Blick auf das Kreuz
lehrt mich in jeder Gelegenheit, wie ich mich zu
verhalten habe."

Das bekannte – heute in S. Chiara in Assisi auf-
bewahrte – romanische Kreuzbild, vor dem Franz
dieses Gebet sprach, läßt mit seinen hoheitsvollen
Zügen das Gebet noch tiefer verstehen: „Höchster,
glorreicher Gott . . ." Es gibt auch eine Darstellung
(Fresko von Giotto), wie Franz vor diesem Kreuz
betet (vgl. Nigg-Schneiders, Der Mann aus Assisi,
Freiburg 1975, Nr. 11–13).

Zum Vollzug

Das Gebet vor dem Kreuzbild in S. Damiano kann in Lebenssituationen, in denen uns eine schwierige, unter Umständen lebenverändernde Entscheidung abverlangt wird, eine außerordentliche Hilfe sein. Voraussetzung dazu ist die eindringliche Betrachtung eines Bildes des Gekreuzigten, auf den hin dann die Worte des Gebetes langsam und wiederholend mit ganzer Hingabe gesprochen werden.

2. DAS GEBET AUS DEM TESTAMENT

Wir beten dich an, Herr Jesus Christus – und in all deinen Kirchen, die in der ganzen Welt sind –, und benedeien dich, denn durch dein heiliges Kreuz hast du die Welt erlöst.

Zum Verständnis

Dieses aus Abschnitt 2 seines Testamentes stammende Gebet findet sich mit geringfügigen Abänderungen auch bei Thomas von Celano, bei Bonaventura und in der Drei-Gefährten-Legende. Es ist also besonders gut bezeugt. Es stammt aus der ersten Zeit der franziskanischen „Urgemeinde" und hat seine liturgische Vorlage in einem Responsorium vom Fest „Kreuzerhöhung" (14. Sept.). Thomas von Celano schreibt zu diesem Gebet (I, 45): „In jener Zeit baten ihn die Brüder, er solle sie beten lehren. Denn als sie in Einfalt des Geistes wandelten, kannten sie noch nicht die kirchlichen Tagzeiten. Ihnen sagte der Heilige: ‚Wenn ihr betet, so sprecht: Vater unser, und: Wir beten dich an . . .‘ – Wo darum nur immer eine Kirche stand, verneigten sie sich, auch wenn sie nicht bei der Kirche selbst waren, sondern sie nur von weitem irgendwie sehen konnten, gegen sie hin tief zur Erde, und mit Leib und Seele ihre Verehrung bezeugend, beteten sie den Allmächtigen an mit den Worten: ‚Wir beten dich an . . .‘, so wie der heilige Vater sie gelehrt hatte. Und, was nicht weniger zu bewundern ist, wo immer sie ein Kreuz oder das Zeichen eines Kreuzes erblickten, sei es am Boden oder an einer Wand, an Bäumen oder an Zäunen am Weg, taten sie das gleiche.‟

Zum Vollzug:
Der hier beschriebene Brauch der ersten Jünger ist bei Franziskanern und Klarissinnen bis heute in Übung, wenigstens beim Betreten der Kirche. Ein schlichter regelmäßiger Nachvollzug dieses Brauches, so wie ihn Thomas von Celano beschreibt, vermag das Empfinden für die Gegenwart Christi außerordentlich zu stärken. Das setzt natürlich ein Auswendigkönnen des Textes voraus! Das gilt mehr oder weniger auch für die übrigen Gebete des heiligen Franz, wenn sie durch den freien Umgang mit ihnen ihre Wirksamkeit entfalten sollen.

3. DER GRUSS AN DIE GOTTESMUTTER

Gegrüßet seist du, heilige Herrin,
hochheilige Königin, Gottesgebärerin Maria.
Du bist immerwährende Jungfrau,
erwählt vom heiligsten Vater im Himmel.
Dich hat er geweiht mit seinem heiligsten
geliebten Sohn und dem Geist, dem Tröster.
In dir war und ist
jegliche Fülle der Gnade und alles Gut:
Sei gegrüßt, du sein Palast.
Sei gegrüßt, du sein Gezelt.
Sei gegrüßt, du seine Wohnstatt.
Sei gegrüßt, du sein Gewand.
Sei gegrüßt, du seine Magd.
Sei gegrüßt, du seine Mutter.
Und seid gegrüßt,
ihr heiligen Tugenden alle,
die ihr durch Gnade
und Erleuchtung des Heiligen Geistes
in die Herzen der Menschen ausgegossen werdet,
um für Gott aus Ungläubigen Gläubige zu machen.

Zum Verständnis
Über die Zeit und die Umstände der Entstehung des
Gebetes ist nichts bekannt. Manche Handschriften
verbinden es wegen seines letzten Satzes unmittelbar
mit dem Lobpreis der Tugenden oder aber auch mit

der Antiphon zu den Christus-Psalmen (IV). Mit dieser hat der „Gruß an die Gottesmutter" zweierlei gemeinsam: einmal, daß der Bezug Mariens zur Trinität besungen und damit die Stellung Mariens im Heilsplan Gottes aufgezeigt wird; zum anderen, daß am Ende der Blick des Beters sich auf die „Virtutes" richtet, womit hier die Tugenden gemeint sind, in der Antiphon aber die Engel. So wird in beiden Gebeten eine isolierte Betrachtungsweise Mariens vermieden. In diesem Gebet erscheint sie als der exemplarische Mensch, von dem Franz kurz vor seinem Tode in seinem „Vermächtnis für die Schwestern der heiligen Klara" sagt: „Ich ... will dem Leben und der Armut unseres höchsten Herrn Jesus Christus und seiner heiligsten Mutter nachfolgen."
In der Antiphon sieht Franz die Gottesmutter vereint mit der Fürbitte der Engel und aller Heiligen, also im Gesamt der Kirche. Ihre Beziehung zur Dreifaltigkeit überträgt Franz – in seinem „Schreiben an die Gläubigen" (Nr. 9) – als mystische Verbindung auch auf diese! (QuSchr I, 148f.).

Zum Vollzug
Damit ist auch für den Vollzug bzw. für die Betrachtung genügend Anregung gegeben. Nichts steht im Wege, beim persönlichen Beten den Lobpreis der Tugenden anzuhängen. Wie die meisten Gebete des heiligen Franz gewinnt auch dieses vor einem entsprechenden Bild bzw. vor einer Muttergottesikone besondere Wirksamkeit.

4. DIE CHRISTUS-PSALMEN

Vorbemerkung
Die fünfzehn Christus-Psalmen dürfen nicht als Einheit gesehen werden, sondern jeder Psalm muß für sich im Rahmen des folgenden Schemas, des sogenannten „Stundengebets vom Leiden des Herrn", verstanden werden.

Schema des Stundengebetes	Komplet	Matutin	Prim	Terz	Sext	Non	Vesper
Karwoche und Wochentage	I	II	III	IV	V	VI	VII
Österliche Zeit	VIII	IX	III	IX	IX	IX	VII
Sonn- und Festtage des Jahres	VIII	IX	III	X	XI	XII	VII
Adventszeit	XIII	XIV	III	X	XI	XII	VII
Weihnachtszeit	XV	XV	XV	XV	XV	XV	XV

Jede Gebetzeit beginnt mit dem Vaterunser (sinnvollerweise mit „denn dein ist das Reich . . ."), dann folgen die „Lobgebete" (S. 76 f.), die Antiphon „Heilige Jungfrau Maria . . .", der im Schema angegebene Psalm und nochmals die Antiphon. Nach der letzten Gebetzeit des Tages betet man: „Lasset uns preisen den Herrn, den lebendigen und wahren Gott. Ihm laßt uns allezeit darbringen Lob, Ruhm, Ehre, Preis und alle Güter. Amen, Amen. Ja, so sei es."

57

Antiphon

Heilige Jungfrau Maria, unter den Frauen der Welt ist keine dir ähnlich geboren, du Tochter und Magd des höchsten Königs, des Vaters im Himmel; du Mutter unseres heiligsten Herrn Jesus Christus, du Braut des Heiligen Geistes. Bitte für uns mit dem heiligen Erzengel Michael und allen himmlischen Mächten und mit allen Heiligen bei deinem heiligsten geliebten Sohn, unserem Herrn und Meister.

I

Mein Leben, Gott, tu' ich dir kund; * du lässest meine Tränen zu dir kommen.

Es planen Böses wider mich die Feinde insgesamt, * sie halten Rat zusammen.

Mein Gutes-Tun vergelten sie mit Bösem, * mit Haß nur meine Liebe.

Dafür, daß ich sie liebte, befeinden sie mich nun, * ich aber bete nur.

Mein heil'ger Vater, König des Himmels und der Erde, verlaß mich darum nicht: * die Not ist nah, und niemand ist, der hilft.

Doch müssen meine Feinde jäh zurück sich wenden: * sooft ich ruf zu dir, erfahr' ich stets aufs neu: Du bist mein Gott!

Die Freunde, meine Lieben, weichen scheu zu-

rück vor meinem Unglück, * und die mir nahe-
standen, rücken von mir ab.
Selbst die Verwandten hältst du fern von mir,
zum Abscheu bin ich ihnen nun geworden. *
Ich bin gefangen und kann nicht heraus.
Du, heil'ger Vater, bleib nicht fern von mir, *
mein Gott, komm mir zu Hilfe.
Hab acht auf meine Hilfe, * Herr, Gott meines
Heiles.

II

O Herr, Gott meines Heiles, * am Tag ruf' ich
zu dir und auch des Nachts.
Laß mein Gebet vor deinen Thron gelangen, *
neig her dein Ohr zu meinem Flehn!
Zu meiner Seele neige dich, erlöse sie, * um
meiner Feinde willen rette mich.
Du bist's, der mich hervorgezogen aus des Wei-
bes Schoß, du, der mich sorglos ruhen ließ an
meiner Mutter Brust, * vom Mutterschoße an
bin ich dir anvertraut.
Vom Mutterschoße an warst du mein Gott, *
verlaß mich darum nicht.
Dir ist bekannt die Schmach, die mich betroffen, * mein Schimpf und meine Schande.
Dir stehn vor Augen alle meine Dränger *, auf
Schmach und Jammer ist mein Herz gefaßt.

Ich harrt' auf einen, welcher Mitleid trüge –
keinen gab es *, auf einen Tröster harrte ich,
und keiner war zu finden.
O Gott, die Frevler stürzen auf mich los, der
übermächtigen Rotte strebt mir nach dem Leben, *
sie wenden ab von dir ihr Auge.
Man zählt mich schon zu den ins Grab Gesun-
kenen, * hilflos bin ich geworden ganz und gar,
entlassen zu den Toten.
Du aber bist mein heiligster Vater, * mein
König und mein Gott.
Hab acht auf meine Hilfe, * Herr, Gott meines
Heiles!

III

Erbarme dich meiner, Gott, erbarme dich, * denn
ich vertrau' auf dich.
Im Schatten deiner Flügel will ich harren, *
bis ausgetobt der Unheilssturm.
Ich ruf' zu meinem heiligsten und höchsten
Vater, * zu Gott, der mir stets wohlgetan.
Er greift vom Himmel her nach mir und rettet
mich, * er überhäuft mit Schmach, die mich
zertreten.
Von grimmen Feinden hat er mich errettet, *
von meinen Hassern, die gar mächtig waren
wider mich.

*Sie legten meinen Füßen eine Schlinge * und
beugten meine Seele nieder.*
*Sie gruben eine Grube mir * und fielen selbst hinein.*
*Gerüstet ist mein Herz, o Gott, gerüstet, * dir
will ich singen, spielen.*
*Wach auf mein Ruhm, wach auf, du meine
Harfe, meine Zither, * erheben will ich mich
noch vor der Morgenröte.*
*Dich will ich preisen, Herr, vor allen Völkern, *
lobsingen dir vor den Geschlechtern.*
*Denn dein Erbarmen reicht bis an den Himmel, *
bis an die Wolken deine Treue.*
*Erheb dich über alle Himmel, Gott, * dein Glanz
durchstrahle alle Welt.*

IV

*Erbarm dich meiner, Gott, denn man zertritt
mich, * den ganzen Tag bedrängt mich hart der
Gegner.*
*Den ganzen Tag bedrücken mich die Feinde, *
und wahrlich viele sind's, die mich bekriegen.*
*All meine Feinde sinnen Unheil wider mich, *
und gottlos sprechen sie von mir.*
*Auflauernd meinem Leben, gehen sie zu Rat, *
kaum sind sie draußen, sprechen sie davon.*
*Und alle, die mich sehen, höhnen mich, * den
Mund verziehen sie und schütteln ihren Kopf.*

Ich aber bin ein Wurm, kein Mensch, * den
Leuten zum Gespött, dem Volke zur Verachtung.
Zur Schmach bin ich geworden meinen Gegnern,
zur Last selbst meinen Nachbarn, * ein Gegen-
stand des Schreckens meinen Freunden.
Du, heil'ger Vater, bleib nicht fern von mir. *
Du, meine Stärke, eile, mir zu helfen.
Hab acht auf meine Hilfe, * Herr, Gott meines
Heiles.

V

Mit lauter Stimme rufe ich zum Herrn * und
klage laut zu meinem Gott.
Ich schütte aus vor ihm mein Flehgebet * und tu'
ihm meine Trübsal kund.
Der Geist will mir entschwinden, * du aber weißt
um meinen Lebenspfad.
Und auf dem Wege, den ich wandle, * da legten
sie mir heimlich Schlingen.
Ich blick' zur Rechten, schau nach Hilfe aus, *
doch niemand achtet meiner.
Für mich gibt's kein Entrinnen mehr, * und niemand kümmert sich um mich.
Doch trage ich die Schmach um deinetwillen *
und ist mein Angesicht mit Scham bedeckt.
Ganz fremd bin ich geworden meinen Brüdern, *
ganz unbekannt den Söhnen meiner Mutter.

Heiliger Vater, der Eifer für dein Haus hat mich
verzehrt, * die Lästerreden deiner Lästerer, die
fielen auch auf mich.
Dafür nun freuen sie sich über mich und rotten
sich zusammen, * es treffen ihre Geißeln mich,
den Ahnungslosen.
Zahlreicher als die Haare meines Hauptes * sind
die geworden, die mich grundlos hassen.
Erstarkt sind meine Feinde, die mich ungerecht
verfolgen, * ich soll erstatten, was ich nie ge-
raubt.
Ruchlose Zeugen treten auf * und fordern
Rechenschaft von dem, was ich nicht weiß.
Die Gut mit Bös vergelten, lästern mich, * weil
ich das Gute suche!
Du heil'ger Vater mein, mein König und mein
Gott, hab acht auf meine Hilfe, * Herr, Gott
meines Heiles.

VI

O alle ihr, die ihr des Wegs vorüberzieht, *
schaut her und seht, ob da ein Schmerz gleich
meinem Schmerz!
Umringt hat mich der Hunde Meute, * der Frevler
Rotte mich umlagert.
Mit Schaulust gaffen sie nach mir, * sie teilen
meine Kleider unter sich und werfen über mein
Gewand das Los.

Sie haben Händ' und Füße mir durchbohrt, * gezählt an mir all mein Gebein.

Sie sperren gegen mich ihr Maul weit auf, * gleich einem Löwen, der raubgierig brüllt.

Wie Wasser bin ich hingegossen, * gelöst ist mein Gebein in mir.

Wie Wachs geworden ist mein Herz, * zerflossen in des Leibes Mitte.

Der Scherbe gleich ist mir die Kraft vertrocknet, * und meine Zunge klebt am Gaumen.

Zur Speise gaben sie mir Galle, * sie tränkten mich in meinem Durst mit Essig.

Sie warfen in den Staub des Bodens mich * und haben meinen Wunden Schmerz verursacht.

Ich legte mich zur Ruh' und bin erstanden, * weil mich mein heiligster Vater aufgenommen hat in Herrlichkeit.

Du hältst mich bei der Rechten, heiliger Vater, * du leitest mich nach deinem Rat und nimmst mich auf in Ehren.

Was hab' ich auch im Himmel, Herr, * und was auf Erden außer dir?

Erkennet, ja erkennet: „Ich bin Gott", so spricht der Herr, * „erhaben über alle Völker, über alle Welt."

Gepriesen sei der Herr, Gott Israels; mit seinem eigenen, allheiligen Blut hat seine Diener er er-

64

löst *, und wer auf ihn vertraut, wird nicht enttäuscht.

Wir wissen, daß er einstens kommt, * zu richten in Gerechtigkeit.

VII

Ihr Völker all, klatscht in die Hände, * jauchzet Gott mit Jubelruf.

Denn hocherhaben ist der Herr und furcht-gebietend * der große König über alle Welt.

Denn der im Himmel unser heiligster Vater, er, unser König, hat vor aller Zeit uns seinen lieben Sohn herabgesandt * und Heil gewirkt inmitten seines Landes.

Drob freue sich der Himmel, und die Erde jauchze, aufrauschen soll das Meer in seiner Wogenfülle, * frohlocken soll die Flur und alles, was auf ihr.

Singt dem Herrn ein neues Lied, * singt dem Herrn, alle Lande.

Groß ist der Herr und hohen Lobes würdig, * erhaben über alle Götter.

Bringt dem Herrn, ihr Völkerstämme, bringt dem Herrn Ruhm und Preis, * bringt ihm seines Namens Ehre.

Bringt eure Leiber dar und tragt sein heil'ges Kreuz * und folget bis zum Ende seinen heiligsten Geboten.

Vor seinem Angesicht erschauere das All. * *Den Heiden sagt, daß König ist der Herr.*

Am Fest Christi Himmelfahrt wird noch hinzugefügt:

Er fuhr zum Himmel auf * *und sitzt zur Rechten des allheiligen himmlischen Vaters.*
Erheb dich über alle Himmel, Gott, * *dein Glanz durchstrahle alle Welt.*
Wir wissen, daß er einstens kommt, * *zu richten in Gerechtigkeit.*

VIII

Gott, merk auf meine Hilfe, * *Herr, eile, mir zu helfen!*
Zuschanden sollen werden und beschämt, * *die mich hinwegzuraffen suchen.*
Voll Scham zurück sich wenden sollen, * *die mir nur Böses wünschen.*
In Eile sollen ihre Schmach sich holen, * *die da höhnen: „Ganz recht, ganz recht!"*
Frohlocken sollen und in dir sich freuen * *alle, die dich suchen.*
Und die nach deinem Heil sich sehnen, sollen allzeit sprechen: * *„Preis dem Herrn!"*
Doch ich bin arm und elend, * *hilf mir, Gott!*
Mein Heil bist du und mein Erretter, * *Gott, säume nicht!*

IX

*Stimmt an dem Herrn ein neues Lied, * der große
Wunder hat getan.*

*Geheiligt hat er seinen Sohn mit seiner Rechten, *
geholfen ihm mit seinem heil'gen Arm.*

*Der Herr hat kundgetan sein Heil, * enthüllte
vor den Heiden die Gerechtigkeit.*

*An jenem Tage ließ er sein Erbarmen walten, *
so ward des Nachts ihm Lobpreis schon zuteil.*

*Das ist der Tag, den uns der Herr bereitet, *
drum laßt uns jauchzen, fröhlich sein an ihm.*

*Gelobt sei, der da kommt in seinem Namen, *
Gott ist der Herr, er ist uns aufgestrahlt.*

*Drob freue sich der Himmel, und die Erde
jauchze, aufrauschen soll das Meer in seiner
Wogenfülle, * frohlocken soll die Flur und alles,
was auf ihr.*

*So bringt dem Herrn, ihr Völkerstämme, bringt
dem Herren Ruhm und Preis, * bringt ihm seines
Namens Ehre.*

Am Fest Christi Himmelfahrt wird noch hinzugefügt:

*Ihr Erdenreiche, singt dem Herrn, spielt auf dem
Herrn, und preiset Gott, * ihn, der am höchsten
Himmel hinfährt gegen Aufgang.*

*Horch nur, wie mächtig seine Stimme schallt, *
gebt Gott die Ehre!*

*Seine Huld mög' walten über Israel, * in Wolkenhöhen seine Macht.*
*Wie wunderbar ist Gott in seinen Heiligen! * Er ist's, Gott Israel, der seinem Volke Macht verleiht und Stärke. Preis dir, o Gott!*

X

*Jubelt Gott, ihr Lande all, singt ein Loblied seinem Namen, * verkündet laut sein herrlich Lob.*
*Sagt Gott: „Wie hehr sind deine Werke, Herr! * Wie groß ist deine Macht, selbst deine Feinde müssen dir sich beugen.*
*Dich beten alle Lande an und singen dir * und preisen deinen Namen."*
*Kommt her, ihr Gottesfürchtigen, und hört! Ich will es euch erzählen, * was er an mir getan.*
*Ich rief ihn an mit meinem Mund, * und schon pries ihn zum Danke meine Zunge.*
*Von seinem heiligen Tempel hörte er mein Rufen, * und mein Geschrei drang ihm zu Ohren.*
*Ihr Völker, preiset unsern Gott, * laßt laut sein herrlich Lob erschallen.*
*Gesegnet sollen in ihm sein der Erde Stämme, * hoch rühmen sollen ihn die Völker alle.*
*Gepriesen sei der Herr, Gott Israels, * der Wunder tut allein.*

Gepriesen sei auf ewig sein erhabener Name, *
die ganze Erde ist erfüllt von seiner Herrlichkeit.
Amen, ja Amen.

XI

Der Herr erhöre dich am Tag der Trübsal, *
des Gottes Jakobs Name schütze dich.
Aus seinem Heiligtum send' er dir Hilfe, * er
schütze dich von Zion aus.
All deiner Opfergaben sei er eingedenk, * dein
Opfer möge segensschwer er machen.
Gewähren mög' er, was dein Herz begehrt; * er
lasse deine Pläne alle glücken.
Wir freuen uns, wenn Hilfe dir geworden, *
und rühmen uns im Namen unsres Gottes.
Erfüllen soll der Herr dir deine Bitten. * Nun
weiß ich, daß der Herr gesendet Jesus Christus,
seinen Sohn, und richten wird er nach dem Recht
die Völker.
Des Armen Zuflucht ist der Herr, * er hilft zur
Zeit der Not. Drum mögen fest auf dich ver-
trauen, die deinen Namen kennen.
Gepriesen sei der Herr, mein Gott, * denn Zuflucht ward er mir und eine Burg am Tag der
Trübsal.
Mein Hort, dir will ich singen, * denn du, o Gott,
bist meine Zuflucht. Mein Gott, du mein Erbarmer.

XII

*Auf dich, o Herr, vertraue ich, auf ewig werd'
ich nicht zuschanden. * Du bist gerecht, befreie
und errette mich.*

*Neig her zu mir dein Ohr. * Komm mir zu Hilfe.
Sei mir Beschirmer, Gott, sei mir die Zuflucht-
statt, * in der ich Rettung finde.*

*Denn du, o Herr, bist meine Zuversicht, * du
meine Hoffnung schon von meiner Jugend an.*

*Vom Mutterleibe her warst meine Stütze du,
vom Schoße meiner Mutter an warst du mein
Schutz, * drum sei mein Lobgesang dir stets geweiht.*

*Voll deines Lobes sei darum mein Mund, * ich
will besingen deinen Ruhm und deine Größe allezeit.*

*Erhöre mich, o Herr, denn mild ist dein Er-
barmen, * blick her zu mir in deiner großen
Huld.*

*Verhülle nicht dein Angesicht vor deinem Knecht, *
mir ist so bang, erhör mich schnell.*

*Gepriesen sei der Herr, mein Gott, denn Zuflucht
ward er mir * und eine Burg am Tag der
Trübsal.*

*Mein Hort, dir will ich singen, * denn du,
o Gott, bist meine Zuflucht. Mein Gott, du mein
Erbarmer.*

XIII

*Wie lange noch, o Herr, vergissest du mich
ganz, * wie lange noch verbirgst dein Antlitz
du vor mir?*
*Wie lange noch muß ich mich härmen, * muß
sich mein Herz in Gram verzehren alle Tage?*
*Wie lang noch soll der Feind sich über mich er-
heben? * Schau her, erhör mich, Herr, mein
Gott!*
*Stärk du mein Aug', sonst sinke ich in Todes-
schlaf, * sonst brüstet sich mein Feind: „Be-
zwungen hab' ich ihn."*
*Und wenn ich stürze, jubeln meine Dränger. *
Ich aber hoff' auf deine Güte.*
*Mein Herz frohlockt schon über deine Hilfe. *
Dem Herrn, der Gutes mir erwiesen, will ich
singen, des Allerhöchsten Namen will ich preisen.*

XIV

*Ich will dich preisen, Herr, heiligster Vater,
König Himmels und der Erde, * denn du hast
mich getröstet.*
*Du bist mein Heiland, Gott, * ich stehe fest und
bange nicht.*
*Der Herr ist meine Stärke und mein Ruhm, *
durch ihn ward ich gerettet.*

Herr, deine Rechte zeigt' sich groß an Kraft,
ja deine Rechte, Herr, zermalmt' den Feind. *
Durch deiner Hoheit Wucht erdrückst du meine
Gegner.
Die Armen mögen schauen und sich freuen. *
Sucht Gott, und euer Herz wird leben.
Lobsingen sollen Himmel ihm und Erde, * das*
Meer samt allem, was sich regt in ihm.
Denn Gott wird Zion wieder Hilfe schaffen, *
und Judas Städte werden neu erbaut.
Sie werden wohnen drin * und sie besitzen:*
die Söhne seiner Knechte werden sie ererben, *
die seinen Namen lieben, werden drin ver-
bleiben.

XV

Froh jauchzet unsrem Helfer-Gott, * dem Herrn,*
dem wahren und lebend'gen Gott, ihm jubelt zu.
Denn hoch erhaben ist der Herr und furcht-
gebietend, * der große König über alle Welt.*
Denn der im Himmel unser heiligster Vater, er,
unser König, hat vor aller Zeit uns seinen lieben
Sohn herabgesandt, * geboren von der seligen*
Jungfrau, der heiligen Maria.
Er spricht zu mir: „Du bist mein Vater." *
Zum Erstgebor'nen will ich ihn erheben, zum
Höchsten unter Erdenkönigen.

*An jenem Tage ließ er sein Erbarmen walten, ***
so ward des Nachts ihm Lobpreis schon zuteil.
*Das ist der Tag, den uns der Herr bereitet, ***
drum laßt uns jauchzen, fröhlich sein an ihm.
Denn das hochheilige, geliebte Kind ist uns ge-
schenkt und ward geboren für uns auf dem
*Wege, gelegt in eine Krippe, * denn in der Her-*
berge fand es keinen Platz.
*Ehre sei in der Höhe dem Herrn und Gott * und*
auf der Erde Friede den Menschen, die guten
Willens sind.
Drob freue sich der Himmel, und die Erde
jauchze, aufrauschen soll das Meer in seiner
*Wogenfülle, * frohlocken soll die Flur und alles,*
was auf ihr.
*Singt dem Herrn ein neues Lied, * singt dem*
Herrn, alle Lande.
*Groß ist der Herr und hohen Lobes würdig, ***
erhaben über alle Götter.
Bringt dem Herrn, ihr Völkerstämme, bringt dem
*Herrn Ruhm und Preis, * bringt ihm seines Na-*
mens Ehre.
Bringt eure Leiber dar und tragt sein heil'ges
*Kreuz * und folget bis zum Ende seinen heilig-*
sten Geboten.

Zum Verständnis

Möglicherweise ist die Mehrzahl dieser „Psalmen" während einer österlichen Bußzeit in einer Einsiedelei entstanden, da sie viele Anklänge an die Texte der Fasten- und Passionsliturgie enthalten (vielleicht 1221/23). Diese „Psalmen" sind, wie schon gesagt (S. 31 f.), aus Versen der verschiedensten Psalmen und Cantica zusammengesetzt; nur VIII bietet den Psalm 69 und XIII den Psalm 12.

In I–VI; VIII; X; XII–XIV erhebt Christus seine Stimme zum Vater, meist als der Leidende, in X aber auch als der Auferstandene; in XIV (Advent) spricht er vom kommenden Heil. VII ist ein Lobpreis an den erhöhten Herrn, IX besingt die Auferstehung; XI ist ein Segenswunsch an Christus, der in den letzten beiden Versen selbst wieder spricht. In XV wird das Geheimnis der Weihnacht besungen.

Natürlich kann man versuchen, in der Klage des leidenden Herrn die einzelnen äußeren Stationen seines Leidensweges ausfindig zu machen; aber das Ganze ist mehr eine Zusammenschau der Passion von der inneren Gesinnung Christi her, in die auch österliches Erwarten einfließt, ebenso wie die Osterfreude selbst. Insofern ist der Titel „Stundengebet vom Leiden des Herrn" irreführend. Auch der Titel „Kreuz-Offizium", unter dem die heilige Klara es gebetet hat, ist nur zutreffend, wenn das Kreuz als Siegeszeichen verstanden wird. Man hat es auch „Officium vom Pascha des Herrn" genannt. Wir sprechen einfach von den Christus-Psalmen, auch

74

um anzudeuten, wie hilfreich ein solches christo-
logisches Psalmenverständnis für uns Heutige sein
kann, das durch das Neue Testament selbst sowie
durch die Vätertradition in der Kirche gegeben ist,
aber heute zuwenig gewürdigt wird. (Der Übersetzung lagen „Die Psalmen" von Athanasius Miller
OSB [Freiburg i. Br. 1923] zugrunde.)

Zum Vollzug

Die Christus-Psalmen werden all denen willkommen
sein, die nach dem angegebenen Schema einzeln
oder in Gemeinschaft durch ein kurzes einfaches
Stundengebet dem Tageslauf eine feste Ordnung
geben wollen, selbst wenn die heutige Stundenein-
teilung im Brevier eine andere ist. Matutin wäre ein
nächtliches Gebet. Prim, Terz, Sext und Non ent-
sprächen 6.00 Uhr, 9.00 Uhr, 12.00 Uhr und 15.00 Uhr,
wobei Terz, Sext, Non jeweils mit der Verurteilung,
Kreuzigung und dem Tod Jesu in Verbindung gebracht werden. Die Vesper wird bei Sonnenunter-
gang, die Komplet zum Tagesausklang gebetet. – Ein
solches Beten könnte eine Einübung sein in das, was
der heilige Franz in seinem „Brief an das Kapitel"
für die Kleriker vorschreibt, daß sie „das Stundengebet mit Hingebung vor Gott verrichten mögen,
wobei sie nicht auf den Wohllaut der Stimme, sondern auf den Gleichklang des Geistes achten sollen,
auf daß die Stimme mit dem Geiste einig sei, der
Geist aber mit Gott. So können sie Gott durch die
Reinheit des Herzens gefallen."

75

5. LOBGEBETE

1. Heilig, heilig, heilig ist der Herr, Gott, der Allmächtige. Der da ist und war und der kommen wird. R Ihn laßt uns loben und hocherheben in Ewigkeit.
2. Würdig bist du, Herr, unser Gott, zu empfangen Lob, Ruhm, Ehre und Preis. R Ihn laßt uns loben und hocherheben in Ewigkeit.
3. Würdig ist das Lamm, das geschlachtet ist, zu empfangen Macht, Gottheit und Weisheit, Kraft und Ehre und Herrlichkeit und Lobpreis. R Ihn laßt uns loben und hocherheben in Ewigkeit.
Laßt uns preisen den Vater und den Sohn samt dem Heiligen Geist. R Ihn laßt uns loben und hocherheben in Ewigkeit.

1. Preiset den Herrn, ihr Werke alle des Herrn. R Ihn laßt uns loben und hocherheben in Ewigkeit.
2. Lobpreiset unseren Gott, ihr alle seine Diener, und die ihr Gott fürchtet, Kleine und Große. R Ihn laßt uns loben und hocherheben in Ewigkeit.
3. Es sollen ihn loben in seiner Herrlichkeit Himmel und Erde und alle Kreatur, die im Him-

mel ist und auf Erden und unter der Erde, das Meer, und was in ihm sich regt. R Ihn laßt uns loben und hocherheben in Ewigkeit.

Ehre sei dem Vater und dem Sohne und dem Heiligen Geist. R Ihn laßt uns loben und hocherheben in Ewigkeit.

Wie im Anfang, so auch jetzt und allezeit und in Ewigkeit. Amen. R Ihn laßt uns loben und hocherheben in Ewigkeit.

Gebet

Allmächtiger, allheiliger, höchster und erhabenster Gott. Du alles Gut, du höchstes Gut, du Fülle des Guten. Der du allein gut bist, dir spenden wir alles Lob, allen Ruhm, allen Dank, alle Ehre, allen Preis und alle Güter. Es geschehe, es geschehe! Amen.

Zum Verständnis

Auch dieses Gebet läßt sich nicht datieren. – Es hat einen sehr klaren Aufbau (Dreierstruktur). Dabei wendet sich der Blick mit dem Seher der Geheimen Offenbarung (Kap. 4 und 5) zunächst zur himmlischen Liturgie „vor dem Thron und dem Lamme", um dann – nach dem Vorbild des vom heiligen Franz so geliebten „Gesangs der drei Jünglinge im Feuerofen" – die ganze Schöpfung zum Lobpreis Gottes aufzufordern. Die bildhafte, eschatologische Schau der Apokalypse geht im Schlußgebet wieder über in die Kontemplation des höchsten Gutes (der Ur-Güte), dem von seiten der Schöpfung schlechthin „alles" gebührt und gehört.

Zum Vollzug

Über seine praktische Verwendung wurde im Zusammenhang mit den Christus-Psalmen gesprochen. Selbstverständlich kann es auch für sich allein gebetet werden. Bei regelmäßiger Übung erweist gerade dieses Gebet eine besonders prägende Kraft. Nach Ausweis des „Spiegels der Vollkommenheit" (Buch 4, Kap. 7) ließ Franz, wenn in Portiuncula das heilige Schweigen von einzelnen durch unnütze Worte gebrochen worden war, neben dem Vaterunser auch die „Lobgebete" als Buße beten. Weiter heißt es wörtlich: „Der heiligste Vater selbst war sehr darauf bedacht, diese ‚Lobgebete' beständig zu beten, und er lehrte sie auch die anderen Brüder mit brennendem Eifer und Verlangen; er trieb sie an, diese ‚Lobgebete' mit Andacht und Hingabe zu sprechen."

6. DIE AUSLEGUNG ZUM GEBET DES HERRN

Heiligster Vater unser:
unser Schöpfer, Erlöser, Tröster und Heiland.

Der du bist im Himmel:
in den Engeln und in den Heiligen. Du erleuchtest sie zum Erkennen, weil du, Herr, das Licht bist. Du entflammst sie zum Lieben, weil du, Herr, die Liebe bist. Du wohnst in ihnen und erfüllst sie zur Seligkeit, weil du, Herr, das höchste Gut bist, das ewige, von dem jedwedes Gut kommt, ohne den nichts gut ist.

Geheiligt werde dein Name:
Aufleuchten soll in uns die Kenntnis von dir, damit wir innewerden der Breite deiner Wohltaten, der Länge deiner Verheißungen, der Höhe deiner Erhabenheit, der Tiefe deiner Gerichte (Eph 3, 18).

Dein Reich komme:
damit du herrschest in uns durch die Gnade und uns läßt in dein Reich kommen, dort, wo sich findet die offenbare Anschauung von dir, die selige Gemeinschaft mit dir, das ewige Verkosten in dir.

79

Dein Wille geschehe wie im Himmel, so auf Erden:
damit wir dich lieben aus ganzem Herzen – und stets an dich denken; aus ganzer Seele – und stets dich ersehnen; aus ganzem Gemüte – und nur dich meinen und deine Ehre in allem suchen; aus all unseren Kräften – und alle Kraft und alles Gespür von Seele und Leib auf deine Liebe verwenden und auf nichts anderes; unseren Nächsten lieben wie uns selbst und alle nach Kräften zu deiner Liebe hinziehen, uns freuen am Gute der anderen gleich wie am eigenen, mitleiden am Elend und je niemand verletzen.
Unser tägliches Brot gib uns:
deinen geliebten Sohn, unseren Herrn Jesus Christus.
gib uns heute:
zum Gedächtnis, zum Verstehen und zur Verehrung der Liebe, die er zu uns hegte, und all dessen, was er für uns gesprochen, getan und erduldet.
Und vergib uns unsere Schuld:
durch dein unaussprechliches Erbarmen und kraft der Leiden deines geliebten Sohnes, unseres Herrn Jesus Christus, und auf die Verdienste und Fürbitte der seligsten Jungfrau Maria und all deiner Auserwählten.

Wie auch wir vergeben unseren Schuldigern:
und was wir nicht vollkommen vergeben, mach
du, o Herr, daß wir es gänzlich vergeben, damit wir um deinetwillen die Feinde wahrhaftig
lieben und dich für sie aufrichtig bitten, nie-
mandem Böses mit Bösem vergelten und für alle
in dir dazusein uns bemühen.

Und führe uns nicht in Versuchung:
sei sie geheim oder offenkundig, unvermutet
oder ungestüm.

Sondern erlöse uns von dem Übel:
dem vergangenen, gegenwärtigen und zukünf-
tigen.
Amen.

Zum Verständnis

Franz von Assisi wird gern der „Heilige des Vater-
unsers" genannt, da er immer wieder dieses Gebet
in die Mitte allen Betens stellt. So ist denn auch die
„Auslegung" das eindrucksvolle Zeugnis für seinen
liebevollen meditativen Umgang mit dem Herrengebet. Wobei allerdings nicht sicher ist, ob es sich
um eine dem heiligen Franz selbst schon überkom-
mene und dann durch ihn erweiterte Paraphrase
handelt (diese waren zu seiner Zeit beliebt) oder ob
er aus verschiedenen Vorlagen „Bausteine" zu der
vorliegenden endgültigen Form zusammengefügt hat.

Diese jedenfalls stammt von ihm, und so hat er sie seine Jünger gelehrt. Sie zeigt uns das Vaterunser als Anweisung zu christlicher Lebensgestaltung in Gemeinschaft und ist zugleich ein Beispiel für das spirituelle Schriftverständnis des heiligen Franz.

Zum Vollzug
Neben einem unmittelbaren persönlichen Gebrauch kann die „Auslegung" mittelbar Modell und Anregung sein, sich selbst in ähnlicher Weise das Herrengebet zu erschließen.

7. GEBET UND DANKSAGUNG AUS DER ERSTEN REGEL

Allmächtiger und allheiliger, höchster und erhabenster Gott, Vater, heilig und gerecht, Herr, König Himmels und der Erde, um deiner selbst willen sagen wir dir Dank, daß du durch deinen heiligen Willen und durch deinen eingeborenen Sohn die unsichtbare und sichtbare Welt erschaffen und uns, geformt nach deinem Bild und Gleichnis, ins Paradies versetzt hast. Durch unsere Schuld sind wir gefallen.
Wir sagen dir Dank, daß du uns durch deinen Sohn erschaffen und auch gleicherweise durch die heilige Liebe, mit der du uns geliebt, ihn

selbst als wahren Gott und wahren Menschen aus der glorreichen, seligsten, immerwährenden Jungfrau, der heiligen Maria, hast geboren werden lassen und uns Gefangene durch sein Kreuz, Blut und seinen Tod hast erlösen wollen.

Wir sagen dir Dank, daß dieser dein Sohn einst kommen wird in der Herrlichkeit seiner Majestät, um die Verdammten, die nicht Buße getan und die dich nicht erkannt haben, dem ewigen Feuer anheimzugeben und allen zu sagen, die dich erkannt, angebetet und dir in Buße gedient haben: „Kommet, ihr Gesegneten meines Vaters, und empfanget das Reich, das euch bereitet ist vom Anbeginn der Welt."

Und weil wir Elenden und Sünder allesamt nicht würdig sind, deinen Namen im Munde zu führen, so bitten wir demütig: unser Herr Jesus Christus, dein geliebter Sohn, an dem du dein Wohlgefallen hast, wolle zusammen mit dem Heiligen Geist, dem Tröster, dir Dank sagen für alles, so wie es dir und ihm gefällt. Er, der dir in allem immer Genüge ist, durch den du uns soviel erwiesen. Alleluja.

Und die glorreiche, seligste, allzeit jungfräuliche Mutter Maria, die seligen Michael, Gabriel, Raphael und alle Chöre der seligen Geister: die Seraphim, die Cherubim und die Throne, die

83

Herrschaften, die Fürstentümer und die Mächte,
die Kräfte, die Engel, die Erzengel; den seligen
Johannes den Täufer, Johannes den Evange-
listen, Petrus, Paulus und die seligen Patriarchen,
die Propheten, die Unschuldigen Kinder, die Apo-
stel, Evangelisten, Jünger, Märtyrer, Bekenner,
Jungfrauen, die seligen Elias und Henoch und
alle Heiligen, die da waren, sein werden und
jetzt sind, sie alle bitten wir in Demut um deiner
Liebe willen, daß sie so, wie es dir gefällt, für
all das Dank sagen: dir, dem höchsten und wah-
ren Gott, dem Ewigen und Lebendigen, mit dei-
nem vielgeliebten Sohne, unserem Herrn Jesus
Christus, und dem Heiligen Geiste, dem Tröster,
von Ewigkeit zu Ewigkeit. Amen, Alleluja.

Zum Verständnis

Es gilt heute als sicher, daß die einzelnen Kapitel
der ersten, sogenannten nichtbestätigten Regel zu
verschiedenen Zeiten zwischen 1210 und 1221 entstanden sind. Wenn Kap. 22, wie einige meinen, eine
Art Vermächtnis des heiligen Franz aus dem Jahre
1219 ist (bevor er zu den Sarazenen ging, wo er sich
das Martyrium erhoffte) – ein Vermächtnis, in dem
er seine neue Lebensform als ein „Leben der Buße",
das heißt beständiger Umkehr, nochmals umreißt,
dann könnte man Kap. 23 als „erweckenden Lobpreis" (Laude) bezeichnen, zu dem Franz schon in

Kap. 21 Anweisung gibt. In dieser Laude wird die Anrufung Gottes (Invokation) zugleich Aufruf zur Buße (Evokation). Die verkündete Danksagung ist die Einladung an alle, sich Gottes und seiner Heilstaten zu erinnern, sie zu bedenken, um in einem Leben der Umkehr und Lobpreisung Antwort zu geben auf die im Glauben erkannte weltgeschichtliche Stunde der Entscheidung zu Heil oder Unheil.

Dieser von der Verkündigung der Heilsgeschichte bestimmte präfationsartige Lobpreis bildet ähnlich wie der Lobpreis der Tugenden ein überaus wichtiges Gegenstück zum „Sonnenlied". Er macht nämlich offenbar, daß Lobpreis mehr ist als bloß gesteigertes Naturempfinden. Er hat viel mehr beim gefallenen Menschen in seiner Gottvergessenheit die geistgewirkte Um-kehr, ein Sicherinnern (in der ganzen Bedeutungsfülle des Wortes!) zur Voraussetzung, und zwar innerhalb der Gemeinschaft der Kirche als heilsgeschichtlicher Wirklichkeit: sie ist das eigentliche Subjekt dieses Lobpreises.

Zum Vollzug

Ein Morgengebet des einzelnen, um sich seiner Berufung vor Gott und seiner Stellung in der Kirche bewußt zu werden; ferner ist es auch als Gemeinschaftsgebet zum Abschluß von Besinnungstagen zu verwenden.

8. DER LOBPREIS DER TUGENDEN

*Sei gegrüßt, Königin Weisheit, der Herr bewahre
dich durch deine Schwester, die heilige, reine
Einfalt.*

*O Herrin, heilige Armut, der Herr bewahre dich
durch deine Schwester, die heilige Demut.*

*Herrin, heilige Liebe, der Herr bewahre dich
durch deine Schwester, den heiligen Gehorsam.*

*Ihr hochheiligen Tugenden alle, euch bewahre
der Herr, von dem ihr ausgeht und herkommt.*

*Kein einziger Mensch ist auf der ganzen Welt,
der nur eine von euch besitzen könnte, ohne
vorher sich selbst zu sterben. Wer eine besitzt
und die anderen nicht verletzt, der besitzt alle,
und wer eine verletzt, der besitzt keine und
verletzt alle; und jede für sich macht Laster und
Sünde zuschanden.*

*Die heilige Weisheit macht Satan mit all seiner
Bosheit zuschanden.*

*Die reine, heilige Einfalt macht alle Weisheit
dieser Welt zuschanden mitsamt der Weisheit
des Fleisches.*

*Die heilige Armut macht alle Habsucht und Geiz
und weltliches Sorgen zuschanden.*

*Die heilige Demut macht den Stolz und alle Welt-
menschen und alles nur Weltliche zuschanden.*

*Die heilige Liebe macht alle teuflischen und fleisch-
lichen Versuchungen und alle fleischlichen Ängste
zuschanden.*
*Der heilige Gehorsam macht alles leibliche und
fleischliche Wollen zuschanden und hält seinen
Leib abgetötet, damit er dem Geist gehorche und
seinem Bruder gehorche, und macht den Menschen allen Menschen dieser Welt untertan, und
zwar nicht nur den Menschen, sondern selbst
allen unvernünftigen und wilden Tieren, damit
sie mit ihm nach ihrem Belieben tun können, sofern es ihnen von oben, vom Herrn, gegeben ist.*

Zum Verständnis und Vollzug dieses Gebetes vgl.
die ausführlichen Darlegungen auf S. 43 ff.

9. DIE ERMAHNUNG ZUM LOBE GOTTES

Fürchtet den Herrn
und gebt ihm die Ehre (Offb 14, 7).
Würdig ist der Herr,
zu empfangen Lob und Ehre (Offb 4, 11).
Alle, die ihr den Herren fürchtet,
lobet ihn (Ps 21, 24).

Gegrüßet seist du, Maria, voll der Gnade,
der Herr ist mit dir (Lk 1, 28).
Lobe ihn, Himmel und Erde (Ps 68, 35).
Ihr Ströme alle, lobet den Herrn (Dan 3, 78).
Ihr Söhne Gottes, preiset den Herrn (Dan 3, 12).
Dies ist der Tag, den der Herr gemacht,
laßt uns frohlocken
und seiner uns freuen (Ps 117, 24).
Alleluja, Alleluja, Alleluja,
König von Israel! (Joh 12, 13).
Alles, was Odem hat,
lobe den Herrn (Ps 150, 6).
Lobet den Herrn, denn er ist gut;
alle, die ihr dies lest, preiset den Herrn (Ps 146, 1).
Ihr Kreaturen alle,
preiset den Herrn (Ps 102, 22).
Ihr Vögel des Himmels,
preiset den Herrn (Dan 3, 86).
Ihr Kinder alle, lobet den Herrn (Ps 112, 1).
Ihr Jünglinge und Jungfrauen,
lobet den Herrn (Ps 148, 12).
Würdig ist das Lamm, das geschlachtet ist,
zu empfangen Lob, Ruhm und Ehre (Offb 5, 12).
Gepriesen sei die heilige Dreifaltigkeit
und ungeteilte Einheit.
Heiliger Erzengel Michael,
verteidige uns im Kampfe.

Zum Verständnis

Dieses Gebet, das hier erstmals in deutscher Sprache
vorliegt (die lateinische Urfassung ist in der im Er-
scheinen begriffenen kritischen Ausgabe der Opuscula des heiligen Franz von P. Kajetan Esser und
P. Engelbert Grau OFM zu finden), ist aller Wahr-
scheinlichkeit nach vom heiligen Franz eigenhändig
auf eine als Altar-Antependium dienende Holztafel
geschrieben worden, versehen mit der figürlichen
Darstellung einiger Geschöpfe. Sie befand sich in
der Einsiedelei Cesi di Terni in den Bergen Umbriens,
die Franz von einem Benediktinerabt angeboten worden war. Die Tafel ging nach 1537 verloren. – Das
Kirchlein der Einsiedelei war – wie das von La Verna
und Portiuncula – der Jungfrau Maria von den heiligen
Engeln geweiht. Das erklärt die Anrufung Mariens
in diesem Lobpreis. Möglicherweise ist dieser Lobpreis zum Weihetag der Kirche verfaßt worden: „Dies
ist der Tag, den der Herr gemacht." Das Gebet ist
ein eindringliches Beispiel für die spontane Gebetsweise des heiligen Franz. Es kann als ein Vorläufer
des „Sonnenliedes" betrachtet werden und wie dieses seinen Vollzug finden.

(Hier, wie bei den anderen Gebeten, verdanken die
Hinweise „Zum Verständnis" vieles den „Studien zu
den Opuscula des Heiligen Franziskus von Assisi"
von Kajetan Esser OFM, zuletzt als Sammelband:
Rom 1973.)

10. DER LOBPREIS GOTTES
   VON LA VERNA

Du bist der Heilige, Herr, der alleinige Gott;
Wunderwerke vollbringst du.
Du bist der Starke.
Du bist der Große.
Du bist der Höchste.
Du bist der allmächtige König,
du, heiliger Vater,
König des Himmels und der Erde.
Du bist der Dreifaltige und der Eine,
Herr und Gott über allen Göttern.
Du bist das Gute, jegliches Gut, das höchste Gut,
Herr und Gott, lebendig und wahr.
Du bist die Liebe und Güte.
Du bist die Weisheit.
Du bist die Demut.
Du bist die Geduld.
Du bist die Schönheit.
Du bist die Sicherheit.
Du bist die Ruhe.
Du bist die Freude und das Frohlocken.
Du bist unsere Hoffnung.
Du bist die Gerechtigkeit.
Du bist das Maß.
Du bist all unser Reichtum zur Genüge.

Du bist die Schönheit.
Du bist die Milde.
Du bist der Beschützer.
Du bist der Hüter und unser Beschirmer.
Du bist die Stärke.
Du bist die Erquickung.
Du bist unsere Hoffnung.
Du bist unser Glaube.
Du bist unsere Liebe.
Du bist unsere ganze Glückseligkeit.
Du bist unser ewiges Leben.
Großer und wunderbarer Herr,
allmächtiger Gott, barmherziger Heiland.

Zum Verständnis

Dieser schon mehrfach erwähnte Lobpreis des heiligen Franz (vgl. S. 33, 43) entstammt seinen heiligsten Stunden auf La Verna, der Zeit von Mitte bis Ende September 1224. Er versagt sich somit einer eigentlichen „Erklärung". Man kann nur in etwa sagen, daß Franz hier versucht, sein Erfahren der Ur-Güte, das auf La Verna seinen Höhepunkt fand, in entfaltender Anrede betend zum Ausdruck zu bringen. Zu einem Nachvollzug kann man nur aus tiefer Stille und einem völligen Leergewordensein kommen. Langsames rhythmisches Sprechen – zum Beispiel nach dem Empfang der heiligen Kommunion – mag vielleicht auch einen erlebnishaften Zugang auftun.

11. DAS SONNENLIED

Du höchster, allmächtiger, guter Herr, dein ist Lobpreis und Ruhm, Ehre und jeglicher Segen. Dir allein, Höchster, gebühren sie. Und keiner der Menschen ist wert, dich im Munde zu führen.

Sei gelobt, mein Herr, mit all deinen Kreaturen, sonderlich mit der hohen Frau, unserer Schwester Sonne, die den Tag macht und mit ihrem Licht uns leuchtet. Schön in der Höhe und strahlend im mächtigen Glanz, ist sie dein Sinnbild, du Herrlicher!

Sei gelobt, mein Herr, durch Bruder Mond und die Sterne. Du hast sie am Himmel geformt in köstlich funkelnder Ferne!

Sei gelobt, mein Herr, durch Bruder Wind, durch Luft und Gewölk und heitres und jegliches Wetter. Alle Kreatur belebst du durch sie!

Sei gelobt, mein Herr, durch Schwester Wasser. Es ist so nützlich, gering, köstlich und keusch.

Sei gelobt, mein Herr, durch Bruder Feuer. Es erleuchtet das Dunkel, kühn ist sein Sprühen, heiter ist es, schön und gewaltig stark.

Sei gelobt, mein Herr, durch unsere Schwester Mutter Erde. Sie versorgt uns und nährt uns und zeitigt allerlei Früchte, farbige Blumen und Gras.

Sei gelobt, mein Herr, durch jene, die allen verzeihen in deiner Liebe, die Elend tragen und Mühsal. Sie dulden im Frieden! Von dir, du Höchster, empfangen sie die Krone.

Sei gelobt, mein Herr, durch unseren Bruder, den Leibestod. Kein Lebender kann ihm entrinnen. Weh denen, die sterben in Todessünden! Selig, die sterben, geborgen in deinem heiligsten Willen! Der zweite Tod vermag nichts wider sie.

Lobet und preiset meinen Herrn in Dankbarkeit! Und dienet ihm in großer Demut!

Zum Verständnis

Es ist das bekannteste aller Gebete des heiligen Franz. Er verfaßte die ersten Strophen und den Schluß dieses Liedes, als er im Herbst des Jahres 1225 krank bei S. Damiano weilte (vgl. Nigg-Schneiders, Nr. 58.59).

Wenig später fügte er die Strophe über den Frieden hinzu, als zwischen dem Bürgermeister und dem Bischof von Assisi ein Streit entbrannt war. Er soll damals zwei seiner Brüder mit dem Sonnenlied und dieser neuen Strophe dorthin gesandt haben, um sie

vor dem Hause des Bürgermeisters und ebenso vor
dem Hause des Bischofs singen zu lassen, die sich
daraufhin miteinander versöhnten (Beispiel für die
evokative Macht einer „Laude"). – Als Franz dann
seines bevorstehenden Todes gewiß war, fügte er
1226 die Strophe über den Tod hinzu. Wann das
Sonnenlied zuerst schriftlich aufgezeichnet wurde, ist
nicht auszumachen; ebenso nicht, wie es ursprüng-
lich gesungen wurde.

Zu einem ersten Verstehen ist auf S. 43 wohl genügend gesagt. Die vielfachen Übersetzungen des
Sonnenliedes machen deutlich, wie schwer eine dich-
terische Wiedergabe des italienischen Originals ist,
zumal die Sonne – hier Sinnbild Christi – im Italienischen männlichen Geschlechts ist, der Mond hin-
gegen weiblichen. (Die vorliegende Übersetzung geht
im wesentlichen auf die Fassung im alten Passauer
Diözesangebetbuch zurück; der Titel „Sonnenlied"
auf die schöne Arbeit von E. W. Platzeck OFM, „Das
Sonnenlied des Heiligen Franziskus von Assisi",
München 1956.)

Zum Vollzug

Abgesehen vom persönlichen oder auch gemein-
samen wechselseitigen Beten – möglicherweise in
freier Natur –, tut sich hier ein Weg zur eigenen
schöpferischen Verwirklichung des Liedes auf, indem
man – im Geiste der Armut – alle Lebensumstände
und alle Dinge des Alltags in ein beständiges „Sei
gelobt, mein Herr, durch . . ." aufnimmt. Überhaupt

lassen die Gebete freien Raum für den schöpferischen Umgang mit ihnen, ja sie wollen geradezu die eigene Spontaneität im Beten wecken.

12. SCHLUSSGEBET AUS DEM BRIEF AN DAS KAPITEL

Allmächtiger, ewiger, gerechter und barmherziger Gott. Verleihe uns Elenden, um deiner selbst willen das zu tun, von dem wir wissen, daß du es willst. Und immer zu wollen, was dir gefällt, auf daß wir, im Innern geläutert und erleuchtet und entflammt vom Feuer des Heiligen Geistes, nachfolgen können den Fußspuren deines Sohnes, unseres Herrn Jesus Christus, und zu dir, du Allerhöchster, durch deine Gnade gelangen. Der du in vollkommener Dreifaltigkeit und einfacher Einheit lebst und herrschest und verherrlicht wirst als allmächtiger Gott in alle Ewigkeit. Amen.

Zum Verständnis
Der Brief an das Kapitel dürfte bald nach 1220 entstanden sein. Das Gebet faßt noch einmal den Franziskus-Weg, wie er sich in den vorausgegangenen Berichten und Gebeten aufgetan hat, zusammen. Es erweist die radikale Theozentrik dieses Weges: Gott, sein Wille und Wohlgefallen sind die Mitte von allem.

Die klassischen drei Phasen des mystischen Erfahrungsweges klingen an: Läuterungs-, Erleuchtungs- und Einigungsweg. Das Beschreiten dieses Weges ist ganz und gar geistgewirkt. Der Weg aber ist Christus selbst; das Ziel: Leben im Banne der Dreieinigkeit.

Zum Vollzug
Das Gebet eignet sich gut zum Abschluß der täglichen Betrachtung oder Schweigemeditation; ebenso zum Abschluß von Tagen der Geistessammlung. Eventuell kann es auch mit den Christus-Psalmen verbunden werden.

DRITTER TEIL

BETEN IN DER NACHFOLGE
DES HEILIGEN FRANZ VON ASSISI

1. DIE HEILIGE KLARA VON ASSISI

Was der Meister und Lehrer aus der Fülle der inneren Erfahrung heraus spontan und umfassend verwirklicht, nimmt bei seinen Schülern in einer mehr gezielteren Teilverwirklichung eine im einzelnen oft greifbarere Gestalt an. So können Beispiele heiliger Menschen aus der franziskanischen Urgemeinde hilfreich sein, den vom heiligen Franz aufgezeigten Weg des Gebetes tiefer zu verstehen. Unter ihnen ragt die heilige Klara von Assisi (1194–1253), die „kleine Pflanze" des heiligen Vaters Franziskus, wie sie sich selbst nennt, in besonderer Weise hervor. Sie, die der heilige Franz ganz persönlich auf den Weg der Christus-Nachfolge führte, vermochte, auf die Dauer gesehen, in ihrer Gründung das Armutsideal radikaler zu verwirklichen als der männliche Zweig des Ordens (vgl. Nigg-Schneiders, Nr. 25–28).

So haben denn auch das Gebet und das kontemplative Leben bei ihr unbedingten Vorrang. Die Worte des heiligen Franz über das Gebet aus der zweiten, sogenannten „bestätigten Regel" gewinnen in ihrem

Mund, das heißt in ihrer eigenen Regel, eine Entschiedenheit, von der die heutigen Ordensgemeinschaften insgesamt betroffen sein müßten, nämlich daß die übernommene Arbeit den Geist des Gebetes und der Hingabe nie ersticken dürfe. Es geht in erster Linie darum, den Geist des Herrn zu besitzen und allezeit zu ihm zu beten.

Sie selbst verwirklichte solches Beten in der liebenden Einsgerichtetheit ihres Geistes (,,Spitze des innerlichen Verlangens") auf Christus hin, im vollkommenen Sichöffnen und Auf-ihn-Hören. Thomas von Celano, der auch das Leben der heiligen Klara aufgezeichnet hat, beschreibt mit wenigen Worten ganz exakt den Vollzug der Kontemplation (Nr. 19), ebenso den Zustand ihres Versunkenseins bei der Leidensbetrachtung (Nr. 31). Schließlich gibt Klara selbst noch im dritten Brief an die selige Agnes von Prag eine kurze Anweisung für die Beschauung (die in ähnlicher Weise auch im vierten Brief zu finden ist).

Aus der Regel der heiligen Klara

VII. Kapitel

1. Die Schwestern, denen der Herr die Gnade gegeben hat, arbeiten zu können, sollen nach der Terz in Treue und Hingabe arbeiten, und zwar soll es sich um eine ehrbare und für die Gemeinschaft nützliche Arbeit handeln.

2. *so daß sie zwar den der Seele schädlichen Müßiggang fernhalten, aber den Geist des heiligen Gebetes und der Hingabe nicht ersticken; ihm sollen ja die anderen zeitlichen Dinge dienen.*

X. Kapitel

6. *Und die keine wissenschaftlichen Kenntnisse haben, dürfen nicht danach trachten, sich wissenschaftliche Bildung zu verschaffen.*

7. *Sie sollen vielmehr bedenken, daß ihr Verlangen vor allem dahin gehen muß, den Geist des Herrn zu besitzen und sein heiliges Wirken, allzeit mit reinem Herzen zu ihm zu beten, Demut und Geduld in Trübsal und Krankheit zu bewahren und jene zu lieben, die uns verfolgen, tadeln und anschuldigen; denn der Herr sagt: Selig, die Verfolgung leiden um der Gerechtigkeit willen, denn ihrer ist das Reich der Himmel (Mt 5, 10). Wer aber ausharrt bis ans Ende, der wird gerettet werden (QuSchr II, 100 und 105).*

Aus Thomas von Celano,
Leben der heiligen Klara von Assisi

Nr. 19. *Wie sie dem Leibe nach schon vor dem Tode gestorben war, so war sie der Welt gänzlich entfremdet. Ständig beschäftigte sie ihre Seele mit heiligen Gebeten und göttlichen Lobpreisungen. Die glühende Spitze ihres innerlichen Verlangens hatte sie schon fest auf das Licht gerichtet, und sie, die sich über den Bereich der wandelbaren irdischen Dinge emporgeschwungen hatte, öffnete ihr Herz um so weiter dem Strom der Gnade. Noch lange Zeit betete sie nach der Komplet mit den Schwestern, und während sie in Tränen ausbrach, rührte sie auch die übrigen zu Tränen. Nachdem dann die übrigen Schwestern darangingen, ihre müden Glieder auf harten Lagern neu zu stärken, harrte sie selbst stets wachsam und unerschütterlich im Gebet aus, damit sie heimlich den Inhalt des göttlichen Flüsterns erlausche, wenn tiefer Schlaf die anderen befallen hatte.*

Nr. 31. *Einst war wieder der Tag der Einsetzung des heiligsten Abendmahles herangekommen, an dem der Herr die Seinen bis ans Ende geliebt hatte. Spät, um die Stunde, da die Todesangst des Herrn nahte, schloß sich Klara voll Trauer* und Betrübnis in die Einsamkeit ihrer Zelle ein. Als sie betend den Herrn im Gebet begleitete und ihre bis zum Tod betrübte Seele sich teilnahmsvoll in jene Betrübnis versenkte, erschauerte sie alsbald im Gedenken der Gefangennahme und der ganzen Verspottung und ließ sich auf ihr Lager nieder. Die ganze Nacht und den folgenden Tag war sie so hingerissen und blieb sie so entrückt, daß sie, mit unverwandtem Blick auf den einen Gegenstand hingerichtet, mit Christus gekreuzigt und ganz gefühllos für alles andere erschien (QuSchr II, 51f. und 61).

Aus dem dritten Brief an die selige Agnes von Prag

Stelle deine Gedanken vor den Spiegel der Ewigkeit, stelle deine Seele in den Glanz der Glorie, stelle dein Herz vor das Bild der göttlichen Wesenheit und formte dich selbst durch Betrachtung gänzlich um in das Abbild seiner Gottheit, damit du selbst empfindest, was seine Freunde empfinden durch das Verkosten der verborgenen Süßigkeit, die Gott selbst von Anbeginn seinen Liebhabern aufbewahrt hat (QuSchr II, 122).

2. DER SELIGE BRUDER ÄGIDIUS

Ägidius war der dritte Gefährte des heiligen Franz. Er wurde am 23. April 1209 in seine Gefolgschaft aufgenommen. Er starb am 22. April 1262. Aufgrund einer persönlichen Erscheinung des Herrn in der Einsiedelei Cetona am 22. Dezember 1226 – das Erleben selbst erstreckte sich bis zum 5. Januar 1227, es war durch das lange Martinsfasten vom 11. November an vorbereitet worden – zog er sich gänzlich in die Einsamkeit zurück, um ausschließlich der Beschauung, der Kontemplation zu leben, nachdem er schon zuvor seine Zeit weithin in den Einsiedeleien der frühen franziskanischen Gemeinschaft verbracht hatte. Er selbst stellt das oben erwähnte mystische Erleben in seiner Unmittelbarkeit noch über das, was dem heiligen Franz auf La Verna widerfuhr: „Wie Gott die Apostel anhauchte, so hat er auch mich angehaucht." Als ein Bruder in einem behutsamen, sich fast nur mit Andeutungen begnügenden Gespräch über des Ägidius mystische Erfahrung meinte: „Man müßte eine wunderschöne Kirche an der Stelle erbauen, wo der Herr so Großes gewirkt", pflichtete der selige Ägidius bei mit dem Bemerken: „Pfingstkirche müßte sie heißen." Damit spricht Ägidius etwas aus, was sich durch das Leben des heiligen Franz und seiner Gefährten, vor allem nach dem Ausweis der „Fioretti", wie ein roter Faden zieht: die Hinweise auf das Wirken des Heiligen Geistes. Es spricht sich darin die Sehnsucht aus, daß von der ganzen Kirche Gottes als lebendige Erfahrung gelten möge, was bei Bruder Ägidius der einfache Name einer möglichen Kirche ist: Pfingstkirche. Das Leben des Bruders Ägidius, der übrigens als einziger der ersten Gefährten des heiligen Franz als Seliger liturgisch verehrt wird (23. 4.), hat uns Bruder Leo berichtet. Des Ägidius Aussprüche wurden früh gesammelt in den „Goldenen Worten des Bruders Ägidius", von denen wir nur eine ganz kleine Auswahl bringen, um damit gleichzeitig auf das Gesamtwerk zu verweisen, wenn auch seine herbe Art den Zugang nicht gerade leicht macht.

Worte von Bruder Ägidius

1. Was immer man ersinnen und besehen, bereden und mit Händen greifen kann, ist ein Nichts im Vergleich mit dem, was weder ausgedacht noch ausgesprochen, nicht geschaut oder abgetastet werden kann.
Alle Weisen und Heiligen aus Vergangenheit, Gegenwart und Zukunft, die über Gott gesprochen haben oder noch sprechen werden, haben nichts ausgesagt und werden auch niemals etwas aussagen, das dem entspräche, was Gott ist. All ihre Aussagen bedeuten höchstens soviel wie ein einziger Nadelstich im Vergleich

mit Himmel und Erde und allen Geschöpfen, die darinnen sind, ja über tausendmal weniger noch. Die ganze Heilige Schrift spricht ja gleichsam nur lallend zu uns, wie eine Mutter mit ihrem Kindlein lallt, weil es sonst die Worte nicht auffassen könnte.

2. Der Mensch macht sich einen Gott zurecht, wie er ihn will. Er aber bleibt immerdar so, wie Er wirklich ist.

3. Wer nicht zu beten weiß, erkennt Gott nicht.

4. Das Gebet ist Beginn und Beschluß alles Guten.

5. Gute Werke zieren die Seele, aber Beten ist etwas ganz Großes.

6. Zur Beschauung der göttlichen Majestät in ihrer Herrlichkeit vermag niemand aufzusteigen, außer durch Geistesglut und vieles Beten. Durch das Glühen des Geistes gerät der Mensch in Brand und steigt zur Beschauung empor, sobald das Herz zusammen mit den übrigen Organen vollkommen darauf abgestimmt ist, so daß er nichts anderes mehr denken will und kann, als was er besitzt und fühlt.

7. Leben in der Beschauung besagt: alles Irdische aus Liebe zu Gott abstreifen, allein das Himm-

lische suchen, anhaltend beten, häufig Lesung halten, in Hymnen und Liedern allzeit Gott lobsingen.

8. In der Beschauung leben heißt: von allen und allem geschieden sein und allein mit Gott verbunden sein.

9. Da es keinen Menschen gibt, der ins beschauliche Leben eintreten kann, ehe er nicht durch ein tätiges Leben treu und mit Hingabe sich geschult hat, muß man mit Anstrengung und aller Sorgsamkeit das tätige Leben ausnutzen.

10. Der Geist kommt in der Demut zur Ruhe. Geduld ist ihre Tochter.

11. Reinheit des Herzens schaut Gott, Hingabe kostet ihn.

12. Zahlreich sind die Gnaden und Tugenden, die man beim Beten verdient und findet. Zunächst wird der Mensch im Geist erleuchtet. Dann wird er im Glauben gefestigt. Drittens erkennt er sein Elend. Viertens gerät er in heilige Furcht, kommt zur Demut und wird klein vor sich selber. Fünftens gelangt er zur Herzenserschütterung. Zum sechsten wird das Gewissen geläutert. Zum siebten wird er in der Geduld bestärkt. Achtens

107

unterstellt er sich dem Gehorsam. Neuntens gelangt er zu wahrer Unterscheidung. Zehntens erlangt er Wissen. Elftens erlangt er Verständnis. Zwölftens findet er Stärke. Dreizehntens findet er Weisheit. Vierzehntens kommt er zur Kenntnis Gottes, der denen sich offenbart, die in Geist und Wahrheit ihn anbeten. Darauf entbrennt der Mensch zur Liebe, eilt zum Duft, kommt zu lustvoller Wonne, wird zur Geistesruhe geführt und schließlich in die Herrlichkeit überführt. Nachdem er aber einmal seinen Mund auf des Allerhöchsten Worte, die die Seele sättigen, eingestellt hat, was vermag ihn da vom Beten zu scheiden, das ihn zu solcher Schau geführt hat? Daher sagt Gregor: Wer die Himmelswonne gekostet hat, dem wird alles, was die Erde zu bieten hat, belanglos (QuSchr III, 58f. 59 81 84 87 98).

3. DER SELIGE BRUDER JOHANNES VON LA VERNA

Mit Bruder Johannes von La Verna soll noch der Zeuge einer etwas späteren Generation der Franziskus-Jünger zu Wort kommen, obwohl es noch mehr ältere Zeugen der Kontemplation im frühen Franziskanertum gibt, z. B. den heiligen Antonius von Padua

(1195–1231). Aber durch die „Fioretti", in deren zweitem Teil die Kapitel 49–53 (nach der lateinischen Ausgabe „Floretum") ganz dem seligen Johannes von La Verna gewidmet sind, rückt er in eine solche geistige Nähe zum heiligen Franz, daß der Verfasser der „Fioretti" mit Recht schreibt: „Wie herrlich Franz in den Augen Gottes ist, erscheint in den auserwählten Söhnen, die der Heilige Geist in seinem Orden vereinigt hat." Zudem überliefern zwei alte Handschriften einen vom seligen Johannes selbst verfaßten ganz kurzen Traktat über den Aufstieg der Seele zu Gott, den wir hier erstmals in deutscher Sprache vorlegen können. Er ergänzt das geistliche Bild, wie es uns die „Fioretti" bieten, durch Johannes' von La Verna eigene Aussagen und faßt gleichzeitig den mystischen Gebetsweg des heiligen Franz zusammen, wie die Wiederkehr uns bereits bekannter Ausdrücke wie „Eifer", „Erglühen", „Süße" u. ä. es zeigen. Auch ein Vergleich mit Text Nr. 12 des Bruders Ägidius zeigt deutliche Entsprechungen. Wenn der selige Johannes seinen kleinen Traktat mit dem Wort „Offenbarung" schließt, dann beinhaltet dieses Wort einen mehrfachen Sinn, unter anderem auch das in der Einführung erwähnte, immer erfülltere geistliche Verständnis der Heiligen Schrift unter Führung des Heiligen Geistes durch die erleuchtende Vermittlung der himmlischen Hierarchie der Engel. Vor allem aber ist im Anschluß an Dionysius Areopagita hier jene bildlose Entschleierung der göttlichen Wirklichkeit gemeint, die sich im mystischen Aufstieg der Seele vollzieht. Beides ist auch hier getragen von der tiefen Sehnsucht nach einer „Pfingstkirche".

Johannes von La Verna wurde 1259 zu Fermo geboren (darum auch Johannes von Fermo genannt). Er ging mit zehn Jahren bereits zu den Augustiner-Chorherren, trat aber bald zu den Minderbrüdern über und war in Spiritualenkreisen geschätzt. Seit 1292 hatte sich der Selige ganz nach La Verna zurückgezogen, wo er am Abend des 9. August 1322 starb. Seine jahrhundertelange Verehrung erhielt 1880 durch Leo XIII. die päpstliche Gutheißung.

Wie Bruder Johannes von La Verna in den Abgrund Gottes entrückt ward.

1. Weil der vorher erwähnte Bruder Johannes den Tröstungen dieser Welt ganz und gar entsagt hatte, war er eifrig darauf bedacht, in Gott allein Tröstung zu finden. Wenn daher die Hochfeste unseres gebenedeiten Herrn Jesus Christus kamen, pflegte er neue Tröstungen und wunderbare Offenbarungen mit Hilfe der göttlichen Gnade sich zu bereiten.

2. So geschah es – als die Geburt unsres Herrn und Erlösers sich nahte und er selbst eine Tröstung von der Menschheit des gebenedeiten Christus mit Sicherheit erwartete,

3. daß der Heilige Geist, der es wohl versteht – nach seinem Wohlgefallen –, seine Gaben zur rechten Zeit und am rechten Ort zu verteilen, indem er nicht achtet auf das Planen des Menschen, wie dieser will oder eilt, sondern auf die Weisheit des Herrn, welcher sich erbarmt, – daß eben dieser Heilige Geist also

4. dem Bruder Johannes nicht den Trost gewährte, den er von der Menschheit Christi erwartete, sondern von Christi Liebe eine so glühende Hinneigung, daß es Johannes dünkte, die Seele werde ihm aus dem Leibe gerissen.

5. Denn hundertmal stärker, als wie wenn er in einem Ofen säße, brannten sein Herz und seine Seele, wegen welcher Glut er sich ängstigte und stöhnte und vor Erschütterung laut aufschrie, weil er ob der übermächtigen Glut der Liebe und ob des Ansturms des Geistes sich vom Schreien nicht zurückhalten konnte.

6. In jener Stunde aber, in welcher er so sehr die Glut der Liebe spürte, stärkte die Hoffnung auf das Heil ihn in solchem Maße, daß er glaubte, wenn er damals gestorben wäre, er nicht mehr durch das Fegefeuer hätte hindurch müssen.

7. Jene übergroße Liebe dauerte – wenn auch mit Unterbrechung – ein halbes Jahr hindurch an, die Glut aber währte mehr als ein Jahr, so

111

daß er einmal sogar meinte, seinen Geist aufgeben zu müssen.

8. Nach jener Zeit aber hatte er unzählige Heimsuchungen und Tröstungen, wie ich selbst öfters als Augenzeuge feststellen konnte und wie auch mehrere andere es wohl bemerkten. Denn wegen des Übermaßes der Glut der Liebe konnte er die Heimsuchungen nicht verbergen: er wurde nämlich mehrfach entrückt – ich konnte es selbst sehen.

9. Eines Nachts wurde er erhoben in ein wunderbares Licht, so daß er alles Geschaffene im Schöpfer schaute, das Himmlische wie das Irdische, alles gemäß seiner Stufenordnung unterschieden:

10. nämlich wie die Chöre der seligen Geister unterhalb Gottes sind, und das irdische Paradies und die selige Menschheit Christi, die Wohnstätte der Abgeschiedenen und so fort. Und er schaute, und er spürte, daß alles den Schöpfer als gegenwärtig bezeugte.

11. Hernach erhob ihn Gott über alle Kreatur, so, daß seine Seele verschlungen und aufgenommen ward in den Abgrund der lauteren Gottheit, begraben im Meer der Ewigkeit und Unendlichkeit Gottes,

12. und zwar so sehr, daß er nichts Geschaf-

fenes oder Gestaltetes, nichts Begrenztes, nichts Denkbares, was nämlich das menschliche Herz gedanklich fassen und die Sprache wiedergeben könnte, mehr wahrnahm.

13. Und es ward aufgesogen jene Seele in jenen Abgrund der Gottheit und in das Meer, das heißt in die Fülle des Verklärungslichtes, deshalb, weil die Seele selbst weit geworden war wie ein Tropfen Wein im weiten Meere.

14. Und so wie dieser Tropfen nichts in sich findet als nur Meer, so schaute jene Seele nur Gott in allem und über allem sowie innerhalb und außerhalb von allem, und gleicherweise die drei Personen in einem Gott und den einen Gott in drei Personen.

15. Und sie spürte jene ewige Liebe, welche bewirkte, daß Gottes Sohn Fleisch annahm im Gehorsam gegenüber dem Vater, durch welchen Gehorsam er Mensch ward. Und durch diesen Weg der Menschwerdung und des Leidens des Sohnes Gottes, den sie unter Tränen betrachtend sich zu eigen machte, gelangte sie zu unaussprechlichen Lichtern

16. und spürte auch, daß es keinen anderen Weg gibt, durch den die Seele zu Gott eingehen könnte, als nur durch Christus, welcher ist der Weg, die Wahrheit und das Leben (Joh 14, 6).

17. *Auch wurde ihr in derselben Schau gezeigt alles, was von Christus getan ward, seit dem Fall des ersten Menschen bis hin zum Eintritt Christi in das ewige Leben [bei seiner Himmelfahrt]. Er ist ja das Haupt und der Erstling aller Erwählten, die von Anbeginn der Welt an waren, sind und sein werden bis zur Vollendung, so wie es verkündigt ist durch die heiligen Propheten. – Zum Lobe unseres Herrn Jesus Christus. Amen.*

Worte des Bruders Johannes von La Verna
über die Stufen der Seele

Der erste Zustand, den die Seele durchschreitet, beginnt mit Tränen und Schmerzen über die Sünden, im Mitleiden mit dem Nächsten und im Mitleiden mit Christus und im Ringen mit den eigenen Fehlern.

Der zweite besteht im brennenden Erglühen der Gottesliebe aus allen Kräften; und das reinigt die Seele von Rost und Fäulnis, die sie sich zugezogen hat und noch beständig zuzieht. Solches geschieht unter Mühen und Erschöpfung.

Der dritte Zustand ist Süße, und das gibt eine gewisse Salbung und Erquickung nach dem Er-

glühen und erleuchtet die Seele; und es scheint, daß die Seele ganz Auge sei und die Glieder des Leibes wohltuend gelöst und das Weltgetriebe klingend wie eine Zither, und so wird die Seele fähig gemacht, Gott zu umfangen.

Der vierte ist Ruhe. Da ist der Mensch der Welt und dem Fleisch begraben und ans Kreuz geheftet und ruht in Gott, wenn er das auch nicht beständig tut.

Der fünfte ist Herrlichkeit, und das ist, wenn der Mensch beginnt, verherrlicht zu werden und sich ihm die Schauungen der Glorie erschließen. Dadurch erhebt sich die Kreatur in jene Himmelswelt und schaut, wie der Stand der Engel dem unserigen und unseren Gnaden entspricht, und sie schaut, wie von der Dreieinigkeit die Erleuchtungen zu Christus als dem Menschen herniedersteigen, sodann von Christus zu den Engeln und von den Engeln zu uns; und somit wird der Mensch fähig, Offenbarung zu empfangen. Dank sei Gott.

SCHLUSS

DIE AUFGABE DER GEGENWART

Welche Aufgaben sich aus dem anhand der
Texte des heiligen Franz und seiner Jünger
Aufgewiesenen für uns Heutige ergeben, vermag noch deutlicher zu werden, wenn wir
das in der Einführung erwähnte „ahnende Verlangen nach Weisheit" noch ein wenig hinter-
fragen. Hier scheint inmitten eines vom Fort-
schrittsdenken bestimmten technokratischen
Zeitalters, im erbarmungslosen Streß einer Lei-
stungsgesellschaft mit ihren klischeehaften,
von Konsumhaltung geprägten, neubürger-
lichen Lebensformen sich als eigentlicher Hin-
tergrund die *Sehnsucht nach universaler Kommunikation* aufzutun, und zwar in dreifacher
Hinsicht: 1. mit sich selbst als Identitäts-
findung, 2. mit dem Du als Gruppenerfahrung
und versuchte neue Formen von Partnerschaft
(u. a. in Kommunen), 3. mit dem Kosmos als
das Ringen um eine ganzheitliche Welt- und
Naturbetrachtung (im Gegenzug zu unserem

119

technokratischen Zeitalter). Es gibt wohl kaum
einen von dieser Sehnsucht Betroffenen, der
nicht bereit wäre, einzuräumen, daß solche
universale Kommunikation nur möglich ist in
der Kommunikation oder, besser, im Einswerden mit der letzten Wirklichkeit, dem tra-
genden Grund aller Dinge, *Gott*, wie immer
dieses Wort auch ausgelegt werden mag. Die
Sehnsucht nach universaler Kommunikation
ist die Signatur jener neuen Spiritualität, die
oft gerade junge Menschen zu verwirklichen
trachten als den inneren und äußeren Weg,
der ein Überleben inmitten der Grenzen des
Wachstums gerade noch ermöglicht. Um diesen Weg zu gehen, ist man bereit, auch harte
innere und äußere Disziplin auf sich zu nehmen. Ja, zum Teil sehnt man sich geradezu
nach straffer Führung und strenger Forderung,
die freilich spirituell begründet sein müssen.
Hier nun tut sich die Aufgabe der Gegenwart
zunächst als Aufgabe der Orden auf, deren
verschiedene Spiritualitäten mehr und mehr
zu *der* Ordensspiritualität schlechthin im Hinblick auf den „kommenden Orden" (im Sinne
des heiligen Bonaventura) zusammenzuwach-
sen scheinen; dies freilich in unterschied-
licher Akzentuierung, auch im Rückblick auf

120

die verschiedenen Lebensformen des einen ursprünglichen Mönchtums, so wie es heute noch die ostkirchliche Überlieferung uns darbietet.

Mönchtum, Ordensstand und zumal Franziskanertum als gelebte universale Kommunikation im genannten dreifachen Sinn durch die Verwirklichung des Franziskuswortes von der Bruder- und Schwesterschaft aller Wesen sind nur möglich in Besinnung auf die kontemplative Komponente in Liturgie und persönlicher Meditation. Sie war zum Beispiel bestimmend für die Reformbewegung der Kapuziner, die zunächst eremitisch geprägt war und deren ursprüngliches Predigtapostolat – so weit es aus den hinterlassenen Schriften ersichtlich ist – vor allem darin bestand, bei weitesten Kreisen der Gläubigen das innerliche Gebet zu fördern. Schließlich hat, wenn man so will, ein Franziskaner, Petrus von Alcántara (1499 bis 1562), als Berater der heiligen Teresa von Ávila die streng kontemplative Form der Unbeschuhten Karmeliten mit aus der Taufe gehoben. Es war nun aber eben gerade dem Franziskanertum eigen, von der Kontemplation her apostolisch tätig zu sein (was die heilige Teresa auch an Petrus von Alcántara rühmt),

121

wobei es eine besondere Form dieses Aposto-
lates war, feste Gemeinschaften unter Christen
– Laien – in ihren alltäglichen Lebensbereichen
zu bilden. Wir meinen hier all das, was die
Bewegung der Dritten Orden einschließt, die
sich als Laienbewegung auch im Zusammenhang mit den Dominikanern und anderen Bet-
telorden findet. (Als ähnliche Erscheinung wäre
das Oblatentum der Benediktiner oder das
Familiarentum der Zisterzienser zu nennen.)
Ohne die von der Geschichte her gegebene
Problematik der Dritten Orden oder auch des
Oblatentums aufrollen zu wollen, sei doch ausgesprochen, daß hier letztlich eine Aufgabe
liegt, nämlich dem endzeitlichen Gottesvolk
als einer Gemeinschaft kontemplativer Menschen (vgl. Einführung) den Weg zu öffnen
in der Bereitstellung von Stätten der Anbetung
und des Sichversenkens (modern ausgedrückt:
Meditationszentren), wo durch erfahrene geistliche Väter (und geistliche Mütter!) die Hinführung und Anleitung zu einem verinnerlich-
ten Leben geschieht, wo in der Umpolung der
Bedürfnisse die Wandlung vom „Konsum" zur
„Kontemplation" ermöglicht wird, wo in einer
äußerlich mehr und mehr anspruchslosen Lebensform innerer Reichtum erlebt und weiter-

122

gegeben wird als gemeinsames Erfahren der
Ur-Güte des dreieinigen Gottes.

Was hier in weitreichender und vielleicht idea-
listisch erscheinender Perspektive gezeichnet
wurde, das wird in dem Beschluß der Gemein-
samen Synode der Bistümer in der BRD über
„Die Orden und andere geistliche Gemeinschaften" in bescheidenerer, aber auch kon-
kreterer Form ausgedrückt:

3.2.4 Häuser der Stille und Begegnung

In der heutigen Hektik und der Vereinsamung
durch die moderne Gesellschaft sind Häuser
der Stille und Begegnung ein großes Bedürf-
nis. Diesem Anliegen sollten sich mit Vorzug
die monastischen Konvente öffnen. Was in verschiedenen Männer- und Frauenklöstern bereits begonnen hat (Einkehrzeiten im Kloster,
Kontaktmöglichkeiten, Beratung, Meditations-
und Glaubenshilfe für Priester und Laien, öku-
menische Gespräche und Gottesdienste usw.),
müßte weiter ausgebaut werden. Hier vor allem
könnten entsprechend den Anregungen des
II. Vatikanischen Konzils Zentren geistlicher
Erneuerung entstehen. Dazu braucht es allerdings in vielen Fällen mehr Phantasie und eine
gezieltere Planung von seiten der Klöster und

123

Diözesen. Die Klöster selbst dürfen nicht zu Bildungsstätten umfunktioniert werden.

3.2.5 Gesprächs- und Meditationsrunden

Auch außerhalb der Klöster sollten von Angehörigen der geistlichen Gemeinschaften, insbesondere der Säkularinstitute und ähnlicher Gruppen, kleine Zellen gebildet werden, in denen Gleichgesinnte sich zu Gespräch und Meditation zusammentun. Nach bisher gemachten Erfahrungen werden solche Gesprächsgruppen von vielen Christen über die Grenzen der Konfessionen hinweg gesucht. In der Anonymität der Großstädte können sie eine wesentliche Glaubens- und Lebenshilfe bieten und auch in die Gemeinden ausstrahlen.

Empfehlung 4: Die Synode bittet die geistlichen Gemeinschaften, besonders solche, die Niederlassungen in Städten haben, zu überlegen, ob sie zusammen mit anderen Christen Teile ihres Officiums beten können, um einem oft geäußerten Verlangen nach gemeinsamem Gebet entgegenzukommen.

Bei diesem Text darf allerdings die Not innerhalb vieler geistlicher Gemeinschaften selbst

124

nicht übersehen werden: wie denn bei den heutigen, oft von außen aufgezwungenen Lebens- und Arbeitsbedingungen noch das franziskanische „Tun aus Versunkenheit" zu verwirklichen sei! Aber das ins Auge gefaßte und vom Herzen her ersehnte Ziel ermöglicht vielleicht doch eine behutsame Annäherung, auch durch Veränderung der Lebensformen und Arbeitsbereiche, um durch den hier skizzierten geistlichen Auftrag zu versuchen, auf die eigentliche und innerste Not unserer Zeit im Geist des heiligen Franz eine Antwort zu geben. Diesem Geist des heiligen Franz anhand seines Betens nachzuspüren – nicht nur bei ihm selbst, sondern auch bei seiner „Urgemeinde" – war Anliegen dieses Büchleins. Von diesem Beten, das sich nur langsam durch ein immer erneutes Sich-darin-Vertiefen erschließt und das hier in keiner Weise erschöpfend dargestellt werden konnte, vermögen Impulse und Hilfen für diese Antwort auszugehen, sofern wir nur selbst, wie Franz von Assisi in Nr. 16 seiner „Worte heiliger Mahnung" sagt, „reinen Herzens und reiner Seele nicht nachlassen, den Herrn, den lebendigen und wahren Gott, anzubeten und zu schauen".

In der Reihe *Franziskanische Quellenschriften*
des Dietrich-Coelde-Verlags, Werl, erschienen:

Kajetan Esser – Lothar Hardick
Die Schriften des heiligen Franziskus von Assisi
⁴1972, 258 Seiten (Band I)

Engelbert Grau
Leben und Schriften der heiligen Klara von Assisi
³1960, 202 Seiten (Band II)

Paul Alfred Schlüter – Lothar Hardick
Leben und „Goldene Worte"
des Bruders Ägidius von Assisi
1953, 188 Seiten (Band III, vergriffen)

Thomas von Celano
Leben und Wunder des heiligen Franziskus von
Assisi
²1964, 595 Seiten (Band V)

Sophronius Clasen
Franziskus – Engel des sechsten Siegels
Sein Leben nach den Schriften des heiligen
Bonaventura.
1962, 629 Seiten (Band VII)

Emmanuel Jungclaussen

DER MEISTER IN DIR

Entdeckung der inneren Welt
nach Johannes Tauler

In diesem Band erschließt E. Jungclaussen die Bot-
schaft Johannes Taulers, des großen Meisters der
Deutschen Mystik, anhand zentraler Texte so, als
sei sie mitten in die Suche des heutigen Menschen
hineingesprochen.

144 Seiten, kart. lam., ISBN 3-451-17333-6

Walter Nigg / Toni Schneiders

DER MANN AUS ASSISI

Franziskus und seine Welt

„. . . eine Bild-Biographie, die an Eindringlichkeit
ihresgleichen sucht . . .'' (dpa-Kulturbrief, Hamburg)
„. . . ein Buch, das zum Schauen und Betrachten ein-
lädt und in gelungener Weise eine erste Hinführung
zu der unvergeßlichen Gestalt des ‚Poverello' dar-
stellt.'' (Rheinische Post, Düsseldorf)

144 Seiten mit 72 Farbtafeln, geb., ISBN 3-451-17179-1

VERLAG HERDER
FREIBURG · BASEL · WIEN